불교어원산책 I

佛教語源散策

이 덕 해

불교어원산책 I

佛教語源散策

머리말

　요즘에는 새롭고 괴상한 용어들이 수도 없이 많이 나타나 그 수를 일일이 확인할 수조차 없다. 또한 젊은이들 사이에서 유행하는 용어들은 글자의 부수를 나열해 쓰기까지 하는 바람에 알아보기조차 난해하다. 빨라지는 시대변화에 부응하기 위해서인지는 몰라도 글자가 기호화 되어 가고 있는 것처럼 보인다. 그런 젊은이들을 이해해야 한다면서도 왠지 속으로는 이래서는 안 되는데 하는 억하심정이 드는 것은 나이 먹은 기성세대의 보수적 촌스러움에서 나오는 것만은 아니라고 본다. 모든 것이 그렇듯이 기본이 잘 갖춰져 있어야 변화를 가져와도 본심이 흐려지지 않고 자신의 소임을 다 할 수 있다는 점을 잘 알고 있기 때문이다.

　어찌되었든 이런 판국에 일상용어의 원 뜻을 찾아보자고 하는 외침은 아마도 별 의미가 없는 일일지도 모른다. 한자漢字하고는 담을 쌓은 요즘 젊은이들에게는 더 더욱 관심 밖의 일일 수도 있기 때문이다. 그러나 필자는 그럴수록 이러한 노력이 더욱 중요하다는 생각을 떨치지 못해 이 책을 내게 되었다. 물론 알게 모르게 우리들이 사용하고 있는 많은 용어 중에 의외로 많은 단어들이 불교경전에서 나온 말들이라는 점을 알리고자 하는데도 그 주요한 뜻이 있다. 다만 이는 불교를 포교하려는 차원에서 그러는 것이 아니라, 우리가 사용하는 이들 일상용어들의 원뜻을 이해한다면 우리말의 우수성과 그 깊이를 더욱 잘 이해하게 될 것이고, 그러다 보면 우리의 언어 생활에서 아무리 많은 변화가 있다 하더라도 우리말 고유의 아름다움을 잊지 않고 더욱 발전시켜 나갈 수 있지 않겠는가 하는 기대감과 바람에서 이 책을 내게 된 것이다.

그러다 보면 자연히 불교가 우리 생활용어에 상당한 영향을 주어왔다는 사실을 이해하게 될 것이고, 더불어서 불교에 대한 관심도 높아질 것이라고 믿어의심치 않는다. 불교를 공부하려다 보면 그 용어의 난해함에 곧바로 포기하는 경우가 대부분이라는 불자들의 말을 종종 듣곤한다. 그렇지만 이러한 일상용어

속에 담겨 있는 불교의 여러 가지 의미를 이해하게 된다면 불교에 대한 흥미를 유발시킬 수 있을 것이고, 동시에 그 어렵다고 느껴지는 불교의 사상철학도 쉽게 이해하게 될 것이라고 믿어 의심치 않는다.

불교가 한국에 전래된 이래 불교는 한국의 문화, 정치, 사회 등 각 방면에서 많은 영향을 미쳐왔다. 그리고 우리의 생활문화 속에 깊히 스며들어 우리의 정신과 사상 형성에 밑바탕이 되었다고 해도 과언이 아닐 것이다. 그것은 오늘날 우리가 사용하는 일상용어 중에 불교로부터 생성된 용어가 상당히 많이 포함되어 있다는 데서 알 수 있다. 따라서 이들 용어의 원 뜻과 오늘날 사용되고 있는 뜻을 비교해 보는 것은 우리 문화의 변용성을 이해하는 계기가 될 수 있고, 또 다른 우리문화의 창달을 가져올 수 있는 원천이 될 수도 있는 것이다.

인간이 생활하는 가운데 언어의 변화는 반드시 있게 마련이나 오늘날처럼 아무런 의미도 없이 단순히 편리성만을 추구하는 그런 변화는 그동안 쌓아온 우리의 좋은 문화를 훼손시킬 수도 있다는 점을 생각하지 않으면 안 된다.

오늘날 한국사회는 새로운 정신 개혁 혹은 사상 혁명이 필요한 시점에 있다고 주장하는 사람들이 늘고 있다. 그만큼 우리의 고유한 문화적 정신적 체계가 흔들리고 있다는 것을 알 수 있다. 이러한 상황에서 이 책이 우리의 정신체계를 맑고 시원하게 정화시켜 줄 수 있는데 도움이 되기를 바라며, 우리가 사용하고 있는 일상용어의 원뜻을 헤아려 시대에 걸맞는 아름다운 말들이 계속해서 생성되어 나가길 바라마지 않는다. 끝으로 이 책을 내주신 김미영 사장님께 감사의 말씀을 드린다.

2010년 5월 20일

이덕해 李德海 합장

인생관을 알게 해주는 용어

불교어원산책 I
佛教語源散策

생활관을 알게 해주는 용어

불교어원산책 Ⅰ
佛敎語源散策

우주관을 알게 해주는 용어

인생관

을 알게 해주는 용어

가책 呵責

"양심의 가책을 받는다"는 말은 곧 자신의 잘못을 뉘우친다는 말로 어찌 보면 가장 불교적인 말이 아닐까 한다. 그러나 이 말을 처음 부처님께서 사용하실 때의 의미는 "꾸짖으며 책망한다"는 의미였다. 범어로는 「avasādanā」로 쓰여 졌다.

이 말이 보이는 경은 출가대중이 지켜야만 하는 생활규범인 율을 설명해 놓은 『사분율』에 있다. 다시 말해서 이 『사분율』에는 수행자들이 지켜야 할 戒의 조목에 관해 상세하게 서술되어져 있다는 말이다. 그 내용을 보면 수계·포살·안거 등 교단의 의식과 작법·생활예의 등이 설명되어 있다. 이 『사분율』에는 모두 20품이 있는데, 그중에 「건도품犍度品」이 있고, 이 「건도품」에 '가책건도'라는 말이 나온다. 이 '가책건도'라는 말이 의미하는 것은 "악행을 일삼는 수행자들을 가책하는 법이다"라는 것이다.

이 말이 등장하게 되는 배경에는 다음과 같은 이야기가 있다. 본래 지혜라는 이름을 가진 수행자와 노자나라라는 수행자가 싸움을 좋아해 수시로 싸움을 벌일 뿐만 아니라, 주위의 수행원들을 부추겨 싸움을 걸게 하는 등 행패를 부리자 부처님께서 이 두 사람을 꾸짖기에 이르렀다. 이때 부처님께서 이들을 꾸짖는 가운데 '가책갈마呵責羯磨'를 제정했다고 한다. 여기에는 승단에서 싸움이 일어났을 때, 중재하는 법과 처벌 방법이 기록되어 있다. 수행 중의 잘못을 여러 대중 앞에서 꾸짖고, 서른다섯 가지의 권리를 박탈했다고 하니, 교단의 기강을 바로잡기 위해 매우 엄격한 꾸지람이 뒤따랐다는 것을 알 수 있다.

"만약 불법을 구하는 사람이라면 마땅히 가문 따위는 따지지 말아야 한다. 비록 고귀한 가문에 태어났다 해도 극악무도한 행위를 한다면 사람들이 다 '가책' 할 것이니 이는 천하다고 해야 할 것이다."　　　　　　　　　　　　　　　　「大莊嚴經論」

이처럼 '율장' 에서만이 아니라 '경장' 곳곳에서도 '가책' 이라는 용어가 등장한다. '비난하다', '꾸짖다', '비난해서 물리치고 배격한다' 는 의미로 사용되어 오던 불교용어 가책이 이제는 자신의 잘못을 스스로 돌아보고 책망한다는 뜻으로 쓰여 지고 있으니, 남을 비난하기 전에 먼저 자신을 돌아보라는 의미에서 생각해 본다면, 인간의 사고와 행동에 대한 불가의 가르침은 천주교에서 화두로 되고 있는 "내 탓이오" 철학을 이미 아주 오래전에 실천한 것이라고 할 수 있을 것이다. 그런 점에서 양심의 가책을 받는 행위를 하지 않는 인간이야말로 구원의 대상에 가장 근접한 인간형이 아닐까 생각된다.

어쨌거나 가책 받는 일을 하지 않는 것이 그 어떤 기도보다도 중요한 우리의 실천발향이라고 할 수 있다. 어른이라고 자기 자식에게는 그러지 말라고 하면서 자신은 옳치 못한 일을 하는 것은 아닌지 반성해 보면서 '가책'이라는 말을 다시 한 번 음미해 보자.

가풍 家風

    가풍을 중시하는 것은 동서양을 막론하고 모두가 똑 같다. 부시 전 대통령 집안이나, 케네디 전 대통령 집안이나, 『탈무드』에 나오는 유대인들의 집안 전통이나 모두가 다 같은 개념이다. 일본의 천황가가 그렇고, 미츠비시 등 유명 재벌기업이 또한 그렇다. 우리나라도 삼성이나 현대 집안이 그렇고, 무슨 씨 무슨 파가 또한 같은 개념이다. 물론 이전의 중국의 사대부집안은 말할 것도 없을 것이다. 이처럼 집집마다 그 내려오는 가풍은 다양하고 또한 특이하다고 할 수 있다.

    그 다양성을 예를 들어 살펴보면, 어떤 집에서는 정신적인 사상, 즉 '효', '인', '덕', '충', '선' 등을 중시하고, 어떤 집에서는 실질적인 이해관계 즉 '대인관계', '돈 철학', '상인정신', '사회적 활동' 등을 중시한다. 따라서 그 집 가풍을 보면 그 사람의 됨됨이를 알 수 있다는 것이 예전부터 오늘에 이르기까지 일반적으로 사람들이 인식하고 있는 가풍에 대한 개념이다.

이러한 가풍을 다른 이들에게 돋보이게 하기 위해 '문장紋章'을 만들어 다른 집안과 차별을 둔다거나, '족보'를 만들어 차별을 두는 경우가 그것이다. 그만큼 가풍이라는 것은 예나 지금이나 인생과 세상살이를 가름하는 중요한 잣대가 되고 있다. 이처럼 가풍은 일반적으로 한 가정의 생활양식 내지 그 집안의 관습을 가리키는 말로써 사용되고 있음을 알 수 있다.

그러나 불교에서 말하는 가풍의 뜻은 이런 것과는 다르다. 즉 옛날부터 각 스승이 채택한 종지宗旨의 표현 방법 내지 제자의 지도 방법을 가리키는 말이다. 예를 들면 선종에서 말하는 "임제종의 가풍"이라는 말처럼 각 종파가 대대로 지켜져 내려 온 그 종파 내의 독특한 풍격을 가리키는 말이다. 이 방법은 스승으로부터 제자에게 저절로 전해져서 각 종단의 종풍을 형성하는데 중요한 역할을 해왔다.

이처럼 가풍은 단순한 풍습과는 차이가 있으며, 연마된 자만이 자신도 모르게 갖추게 되는, 또한 계승될 수 있는 하나의 품격을 말하며, 단순히 정형화된 하나의 틀만을 고집하는 것이 아니다. 즉 가풍을 세우려면 요즘처럼 아이를 억지로 학원이나 과외를 시켜 원하는 바대로 키우는데서 이어지는 것이 아니라, 집안의 분위기와 그 집의 가장으로부터 나오는 여러 풍격을 자손들이 자연스레 몸에 익혀 그 집안의 풍격을 잇는 그런 것을 가풍이라고 하는 것이다. 그렇기 때문에 이를 이루려면 윗사람이나 아랫사람이나 서로 인내하고 지키며 그 전해지는 풍격을 지키기 위해 서로 노력하는 가운데 이어질 수 있게 되는 것이다.

시쳇말로 "부자 삼대 못 간다"느니, "훈장 아들치고 공부 제대로 하는 자 없다"느니 하는 말은 곧 가풍이 제대로 이어지지 못했다는 말이 된다. 즉 윗사람이 잘 못했던, 아랫사람이 잘 못했던 어떤 문제에 의해 가풍이 제대로 이어지지 못했다는 말이라고 할 수 있다. 이는 국가적인 차원에서도 마찬가지이다. 요즘 나라 전체를 들썩이고 있는 과거사 진상 규명 문제나 친일파 청산문제 등이 모두 그런 차원에서 대두된 말이다. 과거의 잘못을 떨쳐내고 올바른 가풍을 갖도록 하자는 것이 그 취지이다. 그러나 말로만 그렇지 이를 추진하는 당사자들이 깨끗하지 못하고, 실천할 수 있는 능력이 결여되어 있다면 그 자체는 아무런 의미가 없는 것이니, 바로 오늘의 현실이 그런 것이 아닌가 여겨진다. 참으로 통탄스런 일이 아닐 수 없다.

갱생 更生

'갱생'이라는 말은 "다시 사는 것, 새롭게 변하는 것"이라는 의미로 흔히 사용하는 일상용어이다. 예를 들면 도산기업의 회사갱생법의 신청, 악으로부터의 갱생, 갱생보호, 갱생시설, 갱생치료 등이 있다. 하지만 이 말은 종교적으로 중요한 의미를 가진 불교용어이다.

『열반경』이라는 대승경전에, 육체의 쇠약으로 죽기 직전에 있던 제석천帝釋天이라는 신이 석존의 설법으로 다시 살아났을 때, 다음과 같은 감사의 마음을 고백하고 있다.

"세존석가모니의 경칭이시여, 저는 지금 즉사 즉생 했나이다. 목숨을 잃고 목숨을 얻은 것입니다. 중략…… 이것을 '갱생'이라 하는데, 다시 목숨을 얻는다는 것이다."

이처럼 불교에서의 갱생은 과거를 버리고 전혀 새롭게 환생하는 것을 의미하는 말이다. 이러한 사실은 다음과 같은 원시불교의 이야기 속에서도 볼 수 있다.

"석존께서 생존했던 당시, Angulimāla(앙그리마라라)는 불제자가 있었다. 그는 원래 잔인한 도적이었는데, 석존의 교화로 비구가 되었다. 어느 날 앙그리마라가 탁발을 하고 있었는데 난산의 부인을 발견했다. 그 무렵에는 스님에게 진실 된 염불을 들으면 순산한다는 속설이 있었다. 앙그리마라는 염불로 부인을 돕고자 하였다. 그러나 몇 백 명을 죽인 몸으로 자신의 과거에 대하여 진실 된 고백을 한다는 것은 도저히 불가능했다. 그러자 앙그리마라는 석존이 계시는 곳으로 달려가서 가르침을 구했다. 다시 돌아와서 석존께 배운 대로 「나는 불제자가 된 '이후' 절대로 다른 사람을 해친 적이 없습니다」라고 진실 되게 고백하며 염불을 외웠더니 부인이 순산했다.　　　　『중부경전中部經典』86

앙그리마라는 출가했지만 죄의식으로 괴로워했고 좀처럼 깨달음을 얻을 수 없었다. 그러나 석존의 이 같은 가르침으로 어두운 과거의 속박에서 벗어나 불제자로서 확실히 갱생할 수 있었다. 즉 과거를 잊고 지금부터의 정진이야말로 진정으로 중요한 것이라고 배웠으며, 그 결과 최고의 불제자 경지에까지 오르게 된 것이다.

일반적으로 '갱생'이란, 주변으로부터 도움을 받아서, 혹은 주어지는 것에 의해서 변화되어지는 수동적 의미로 받아들이는 경향이 있다. 그러나 스스로가 스스로의 힘에 의해서, 또한 강한 의지에 의해서 새롭게 태어나는 것이며, 변혁을 위해서는 주체적으로 해야 한다는 능동적인 강력한 의미를 이 용어를 통해 불교는 가르침을 주고 있는 것이다.

견문 見聞

견문의 한자 뜻은 보고 듣는다는 의미이다. 우리가 학교 다닐 때 선생님들이 여행을 많이 다니라고 하는 말을 들었을 것이다. 이는 다시 말해서 보고 들을 수 있는 기회를 여행을 통해서 가져보라는 권고였던 것이다. 요즘 같으면 텔레비전이다, 컴퓨터다 해서 안방에 있으면서 세상 모든 것을 다 볼 수 있고, 모든 정보를 다 들을 수 있으니 여행이 필요 없을지 몰라도 사실은 이럴 때 일수록 더 필요한 것이다. 남들 손을 한 번 걸러 오는 정보는 이미 그것은 남의 것이지 나의 것이 아니기 때문이다. 나의 정보는 내 스스로가 직접 챙겨서 그것을 보고 탐색하고 결과적으로 판단해서 나의 것을 만드는 것이 중요하기 때문이다. 이런 점에서 견문이란 말을 생각한다면 사람의 감각작용과 인식능력을 얼마만큼 배양시키는가 하는 문제의식과 연결된다고 할 수 있다. 그러나 '견문'이란 말이 우리에게 제시해 주는 의미는 전연 다른 것이다. 다시 말해서 '견문'이란 부처님을 뵙고, 그 말씀을 듣는다는 것이 원래의 뜻이다.

불교에서는 사람에게 이러한 인식능력이 6가지가 있다고 하였다. 즉 '견見'이란 눈으로 보는 인식의 역할을 말하는 것이고, '문聞'이란 귀로 들은 인식의 역할을 말한다. '각覺'이란 혀와 몸으로 감각한 인식의 역할을 말하고, '지知'는 의식의 역할을 의미다고 한다. 이러한 6가지 인식능력에 대해서는 『대지도론』 권 40에서 그 개념을 자세히 설명하고 있다.

한편 『불보은경강경문佛報恩經講經文』에서는 '견문지각'에 대해서 자신하지 말고 늘 조심하라는 경고의 글이 있는데, 즉 "악인에 대해 방비하고, 험한 길을 가는 데는 견문지각이 꼭 질투를 유발시키게 된다"라는 내용이 그것이다. 이처럼 불교에서는 '견문지각'이라는 인식작용이 사람에 따라 다르지만, 너무 자신이 있어 하는 사람은 반드시 그 자신감에 의해 큰 고난을 받을 것이니 항상 조심할 것을 당부하고 있다.

이러한 의미가 우리 생활에 접목되면서 서두에서 말한 바처럼 '견문'이란 단순히 보고 들은 것으로 이해하게 되었다. 눈으로 보고 귀로 듣는 것이라는 한자에 대한 직접적인 해석에서 비롯된 것이다. 이러한 의미는 청나라 방조方朝의 「막고산藐姑山」

이란 시에서 잘 볼 수 있다. 즉 "해와 달은 성문이 닫힐까 근심
하는데, 바람과 천둥우뢰는 견문을 어지럽히는 구나"하는 구절
이 바로 그것이다.

이에 대해 좀더 발전한 개념이 '견문'을 지식으로 보는 개념
이다. 『노잔유기老殘遺記』 제10회에는 이런 내용이 있다. "우리
는 어릴 때부터 시를 익혀 왔습니다. 우리가 읽은 시중에는 「공
후인」이란 시가 있었습니다. 그러나 공후가 어떤 것인지는 알지
못했습니다. 이제 선생님을 뵙게 됐으니 우리에게 한번 연주하
여 들려주십시오. 그래야 저희들의 '견문'도 늘어날 것이 아닙
니까?" 즉 직접 보고 듣고 확인하여 그것을 나의 지식으로 만들
겠다는 의미이다.

그러나 불경에서 말하는 '견문'이란 의미는 이런 세속적인 의
미와는 전연 다른 것이다. 『법화경』 「서품」을 보면 "견문이란
바로 이런 것이다"라는 해설이 있는데, 이는 바로 부처님의 말
씀을 설명한 후 그 말씀하신 '법'을 가리켜 '견문'이라고 지칭
하고 있는 것이다.

따라서 세상을 많이 편력하고 엄청난 지식을 쌓았다 한들 그
견문이란 한계가 있는 법이라는 것을 잘 기억해 두어야 할 것이
다. 진정한 견문이 넓은 사람이란, 부처님의 말씀을 잘 깨닫고
따르는 사람 그 사람이야 말로 견문이 넓은 사람이라고 할 수
있을 것이다.

공부 工夫

공부工夫는 때로는 공부功夫라는 용어로 대체되기도 하는데, 이 말의 의미는 아주 다양하게 쓰이는 용어 중의 대표적인 용어이다. 특히 같은 한자 권에서 시작된 용어이면서도 한·중·일 삼국에서 각기 다른 말로 쓰이는 대표적인 용어라 할 수 있다. 즉 일본어에서는 "여러 가지로 궁리하거나 고안하는 것"이라는 의미로 쓰이고 있고, 중국어에서는 "조예, 재주, 솜씨가 뛰어나다"는 뜻으로 쓰이고 있다. 한국에서는 학생들이 제일 싫어하는 "학문을 연마한다"는 의미로 사용되고 있다. 정말로 완전히 다른 의미로 쓰여 지고 있음을 볼 수 있다.

그러나 이 또한 불교용어에서 비롯된 것이니 그 근본 의미는 "전심을 다해 불도를 수행하려는 뜻에 이르고 있다"라는 의미이다. 선종에서 보는 의미로는 "주어진 공안公案에 대해 깊이 생각하는 것"이라고 해석되기도 한다.

『대혜서大慧書』에 보면 "내 마음이 비록 정진하고자 하는 마음이 위축되고 있지는 않지만, 그러나 '공안'을 스스로 깨닫고자 정진하지만 아직 그 순일純一 단계에는 이르지 못했다"고 하는 뜻으로 사용되었다. 도원道元 선사(1200~1253)의 『학도용심집學道用心集』에는 아래와 같은 말이 있다.

"신체와 심령을 정확하게 구분하는 데에는 두 가지로 나눌 수 있다. 하나는 스승의 말씀을 듣는 것이고, 다른 하나는 성심성의를 다하여 좌선을 하며 공안에 대해 깊이 생각하는 것, 즉 '공부'를 하는 것이다. 청법聽法이라는 것은 심령을 자유자재로 하는 것이고, 좌선은 능히 수행에 달성하고자 실행하는 것이다. 이때의 공부가 바로 좌선 수행의 본신을 가리킨다."

도원서사는 또 『정법안장正法眼藏』 중 「제악막작諸惡莫作」에도 이런 말이 있다.

"이와 같이 참선하여 배우면 공안을 실현하게 된다. 그러나 이처럼 하더라도 그 목표에 완전히 도달하지 못하게 되는 경우도 있는데, 그것은 바로 공부의 힘이 제대로 발휘되지 않았기 때문이다."

이런 점에서 볼 때 공부라는 것은 좌선과 공안을 능히 이해하는 것을 말하고, 또는 일심일의一心一意로써 불도수행에 힘쓰는 것이다. 그러나 이를 행하다 보면 너무 일면에만 치우치든가 일면에만 몰두하는 경향이 있게 되어 잘 못하다가는 그 목적에 도달할 수 없는 것이다. 그렇게 되면 어떤 문제도 해결할 수 없게 된다. 따라서 어떤 문제를 해결하고자 할 때는 최선의 정진을 다하는 가운데 자기도 모르는 사이에 깨달음을 통해 그 해결방법을 찾을 수 있는 것이지, 인위적 노력에 의해서 이루어지는 것은 아니라는 점을 상기해야 할 것이다.

우리나라 사람들은 자식을 공부시킬 때 좋은 대학에 보내기 위해 능력은 차치하고, 또 적성이나 그의 취미 등과 관계없이 쪽 집게 과외라든가 강제로 공부시키는 것에 보내 그야말로 죽을 똥 말똥 공부하게 한다. 그래서 좋은 대학에 들어갔다고 한들 무엇이 좋아졌는지는 생각하지 않는 것이 일반적인 현상이다. 좋은 대학 나오면 선후배 관계로 사회진출 시 유리한 게 많고, 또 취직 시 도움을 받는 것도 사실이지만, 더 많은 능력을 계발하여 나라와 인류를 위해 쓸 수 있는 능력은 그로 인해 도태된다는 사실을 우리 부모들은 인식해야 할 것이다. 그런 의미에서 '공부' 라는 말이 시사하는 바는 아주 크다고 하겠다. 무조건 암기식의 공부는 지양하고, 무엇인가 자기 적성에 맞는 바대로의 지속적인 추구에 의해 자기도 모르는 중에 깨달음을 얻는 그러한 공부야 말로 현재의 우리나라 사람들에게 가장 필요한 것이라고 하겠다.

교 만 驕慢

잘 익은 벼는 고개를 숙인다고 한다. 그처럼 많은 것을 알고 경험이 많은 사람은 주절주절 떠들지를 않는 법이라는 말이다. 그런데 문제는 덜 익은 사람들이 주제를 모르고 잘 난체 하는 경향이 많은데, 이를 교만이라고 할 수 있다. 또 약간의 지위가 주어지면 거들먹거리는 못난이들에게도 교만이라는 수식이 붙는다.

산스크리트어로 'māna'라고 하는 자를 한문으로 번역해 놓은 것이 교만하다고 하는 만慢자이다. 이 말의 뜻은 자신과 남을 비교해서 남을 깔보고 스스로에 대한 자신감이 너무나 지나쳐 쉽게 우쭐거리는 마음을 갖는 것, 그것을 교만이라고 지적하고 있다.

이러한 교만을 떠는 자들 중 일반인이라면 그래도 못나서 그러려니 하고 지나쳐 버릴 수도 있지만, 아주 신앙심이 깊은 사람이 그런 교만을 떨 때는 정말로 봐줄 수가 없는 경우가 많다. 요즘 한국 기독교인들 중 그런 사람을 많이 볼 수 있는데, 불교인들 중에도 그런 사람들이 꽤 있는 것 같다. 그러나 그들 중에서도 가장 교만하다고 평가되는 인물을 들라면 보시를 제일 많이 했다는 급고독장자의 며느리인 옥야玉耶라는 여자일 것이다. 그녀는 자신의 친정집이 부자라 맘 내키는 대로 보시를 할 수 있었는 데다가 미모까지 갖추고 있어서 세상의 모든 이들을 대함에 있어서 그야말로 안하무인이었다. 이러한 여자지만 부처님께서는 그도 사람인지라 교화시켜 며느리로써 도리를 다하여 집안을 이끌어 나가도록 훈계를 하셨으니, 그 말씀을 기록해 놓은 것이 바로 『옥야경』이다.

그러나 나쁜 사람이 있으면 좋은 사람이 있어야 하는 법, 불교에서 가장 겸손하고 남을 돕는데 자신을 바친 최고의 인물로 '상불경보살'이 있다. 그는 자신을 시기하여 욕을 하며 돌을 던지는 자들에게까지도 공손히 합장하며 "불성을 지닌 그대들을 공경한다"면서 오히려 그들을 깨우침으로 이끌려고 했던 보살이었다.

그러나 문제는 교만에 빠지면 해탈을 할 수 없는 지경에 처해져 버린다는 것이다. 중생에게 있어서 해탈을 못하게 하는 중요한 다섯 가지 번뇌가 있으니, 바로 "색탐결·무색탐결·도거결掉擧結·무명결·교만결"이 그것이다.

그렇기 때문에 대승보살이 지켜야 하는 48가지 계율인 48경계 가운데 교만에 관계되는 두 가지 계가 있는 것이다. 그 하나는 교만벽설계憍慢僻說戒라는 것으로, 자신의 지혜와 힘만을 믿고 경율의 깊은 이치를 추구하여 답을 얻으려고 하지 않고 가볍게 생각하여 오히려 대중에게 잘못 설명하는 것에 대한 계이다. 두 번째는 교만불청법계憍慢不請法戒라는 것인데, 이것은 아는 것도 없으면서 보잘 것 없는 자신의 지혜와 힘과 지위·권세·재력 등을 믿고 상대방을 우습게 여기며 제대로 믿음을 추구하려 않는 것에 대한 계이다.

굳이 승려가 되거나 혹은 신앙심 깊은 신도가 되지 않더라도, 사회생활 속에서 가장 경계해야 할 것이 바로 교만심이 생겨나는 것을 경계해야 할 것이다. 가령 본인이 100사람과 교제를 하는 가운데 99사람과 인간관계를 잘 맺고 있더라도, 아주 못된 한 사람이 있어 그에게 교만심을 갖고 대하자, 그가 오감을 갖게 되어 다른 사람들에게 본인에 대한 욕을 하고 다닌다면, 그 피해는 이루 말할 수가 없게 되는 것을 누구나 한번쯤은 경험해 보았을 것이다. 따라서 비록 나의 원수가 되는 사람이라 할지라도 일단은 교만한 자세를 버리고 상대를 대한다면 그 여파가 그

리 크지는 않을 것이라는 점을 항상 염두에 둘 필요가 있는 것
이다.

망상 妄想

'잠을 7시간 이상 자야지 그 다음날 덜 피곤한데', '오늘처럼 너덧 시간 자면 내일은 하루 종일 힘들 텐데' 하며 어떤 일이 있어 일을 하면서도 걱정하는 바람에 일을 제대로 못하는 경우가 있다. 또 커피를 마시면 잠을 못 자는데 하며 평소 잘 마시는 커피도 마다한 채 상대의 권유를 무시하는 경우도 있다. 이 모든 것이 징크스이고 망상이다. 인간의 신체적 조건은 그런 것을 다 받아들이고 또 얼마든지 적응할 수 있는 조건을 갖추고 있다. 따라서 미리 어떤 문제의식을 가지면서 스스로의 욕구를 억누르지 말라는 것이다. 결국 그것이 더 큰 스트레스가 되어 나중에는 더 큰 병으로 번질 수도 있다는 점을 명심해야 할 것이다.

우리가 요즘처럼 복잡하고 어려운 시대를 살면서 누구나가 가지게 되는 소위 징크스라는 것이 이것이다. 쓸데없이 자기 나름대로 최면을 걸어 "나는 그렇게 하면 안 돼", "나는 그것을 먹으면 안 돼" 하는 잡념들이 다 그것이다. 이를 불가에서는 정신분열과 같은 증세로 보고 있는데, 이를 망상이라고 하고 있다. 그야말로 쓸데없는 생각이 망상인 것이다. 즉 '망妄'이란 올바르지 못하다는 의미이고, '상想'이란 그 올바르지 못한 망 때문에 분별을 못하고 집착하는 것을 말한다.

이러한 망상은 크게 '피해망상'과 '과대망상'으로 대별할 수 있다. 피해망상은 이미 앞에서 말한 것처럼 타인이나 자신의 의지에 반하는 것에 의해서 피해를 입는다고 생각하는 버릇이다. 이것이 사람을 의심하고, 스스로를 자신 안에만 가두는 자폐적 현상으로까지 끌고 가는 병적 증세이다. 이보다는 좀 나은 것이 과대망상인데, 이는 자신의 능력 범위 이상으로 자신을 부풀려서 남들의 눈총을 사는 그야말로 대인관계에서는 아주 좋지 않은 증상이라 할 수 있다. 물론 자신감 있게 모든 일에 부딪쳐 보는 것은 중요한 일이다. 또한 그런 성격을 요즘 시대는 요구하고 있는 지도 모르나, 너무 지나친 과대망상은 사회생활에서 낙오할 수 있다는 점도 명심해야 할 것이다.

산스크리트어로 'vikalpa'가 바로 망상을 대변하는 단어인데, 이는 또한 '분열'이라고도 번역된다. 이러한 비슷한 단어로 '망상분별' · '허망분별' · '망상전도' 등의 말이 있다. 이러한 모든 용어의 의미는 한 마디로 "마음의 집착으로 인해 사물의 본 모습을 분별하지 못하고, 자기 주관적으로 생각하는 것"이라고 정의 할 수 있다.

『유마경』에 보면,

"온갖 존재가 다 산만하고 미혹되는 마음만 있어, 꿈같고, 불길 같고, 물 속의 달 같고, 거울에 비친 그림자처럼 보이는 것은 모두가 망상에서 생겨나는 것이다."

라는 말이 있다. 이러한 망상을 『능가경』권2에서는 열두 가지 종류로 열거하고 있다. 즉 언설言說·소설사所說事·상相·이利·자성自性·인因·견見·성成·생生·불생不生·상속相續·박부박縛不縛 등이 그것이다.

또 『보살지지경菩薩地持經』에는 8가지 망상을 들고 있다. 자성自性·차별差別·섭수적취攝受積聚·아我·아소我所·염념·불념不念·구상위俱相違 등이다.

"범부들의 미혹된 마음은 제법의 상相을 일으키는데, 그 상에 집착하여 그 상에 이름을 붙이니 그 이름에 따라 상을 취하나 얻는 바가 부실하다. 따라서 이를 망상이라 하는 것이다"

「대승의장大乘義章」

이처럼 망상이라는 것은 우리에게 하나도 필요 없는 인식의 늪이다. 그러나 인간은 약하다 보니 스스로에 대한 통제력이 약해 항상 이런 망상에 빠져들며 괴로워하고 있다. 몇 년 전에 30대 처녀가 퇴직금 5천만 원을 가지고 10억을 모아야 한다는 망상에 사로잡혀 로또복권과 주식에 투자하다 모든 돈을 날리고 아버지와 함께 자살을 기도하다 본인은 죽고 아버지만 살아남은 사건이 있었다. 그야말로 망상이 가져온 참혹한 결과이다. 자족하는 마음 그것을 통해서만이 극락세계가 보이는 것이다.

면목 面目

　'면목'이라는 말은 '진면목'의 약어라고 할 수 있다. 우리의 순수한 말로 하면 '참모습'이라고 번역할 수 있을 것이다. 다시 말해서 생명체 본래의 가지고 있는 모습을 말한다고 하겠다. 요즘에는 위선자와 사기꾼들이 횡행하는 시대가 됐다. 특히 정치가들의 행태가 대부분 그렇다. 자신은 정직한 양, 떳떳한 양 말하고 행동하고, 상대를 비난하고 하면서 자신에 대해서는 숨기고 부풀리고 해서 대중적 인기를 끌려고 하는 자들이 많아지고 있다는 것이다. 요즘 정치가들 대부분이 그런 사람들이 아닐까 한다.

　그만큼 면목이라는 말은 인간 생활에 있어서 가장 중요한 마음가짐이다. 불교를 신봉하는 사람이라면 말할 것도 없이 가장 중요한 신앙인의 덕목이라고 할 수 있다. 부처님은 이 모든 것을 다 아시고 계시니까, 그 앞에서 진면목을 보이지 않는다면 이미 구제의 대상이 되지 않기 때문이다.

이 말의 유래는 『범망경』에서 볼 수 있다. 즉

"수행자의 일곱 가지 복이란 몸에 병이 없어서 용감하고 튼튼한 것이요, 면목이 청정하고 단정함이요……"

이라는 내용이다. 즉 면목은 '용모'라는 말로도 사용했음을 알 수 있다. 그러나 이 용모란 육체적인 용모가 아니라 마음의 본성을 말하는 것이다. 즉 깨달음의 경지에서 나타내 보여 지는 심성 그것이 바로 면목이다.

주머니에 돈 한 푼 없어 자식들에게 과자하나 못 사주면서 친구들 앞에서는 술값을 펑펑 쓰는 인간, 사회적 지위를 나타내고자 허세를 떠는 인간, 배운 것도 없으면서 쓸데없는 지식 자랑하는 인간……. 이러한 인간들은 우리 주변에 너무나 많다는 것을 알 수 있다. 바로 면목을 세우려 하는 인간의 속성이 잘못 표현되어 나오는 경우이다. 물론 자신보다 더 없는 친구를 위해 그의 면목을 세워주려는 동기는 중요하다고 볼 수 있으나, 그것 또한 면목 세우는 일로 인해 허세가 가해지는 것이라면, 이미 그것을 세우는 것이 아니라, 면목을 스스로 지우고 마는 일이다.

이 면목이란 말은 선종의 6조 혜능 대사가 제일 먼저 사용했다고 한다. 5조 홍인 대사로부터 의발을 전수받은 혜능 대사는 강을 건너 남쪽으로 떠나자, 그의 의발을 빼앗기 위해 신수를 따르는 대중들이 혜능을 뒤쫓게 되는데, 그러는 가운데 혜명이라는 수좌를 만나게 된 혜능은 다음과 같이 물었다.

"선도 생각지 말고, 악도 생각지 마시오. 그랬을 때 지금과 같은 상황에서 그대의 본래 면목은 어떤 것이오?"

그러자 혜명은 그 한 마디에 깨달은 바가 있어 삼배의 예를 취한 후 자신의 어리석음을 사죄했다. 그러자 혜능은 다시

"스스로 자신의 본래의 면목을 되비쳐 보도록 하시오"

라고 권고했다고 한다.

누구라도 자신이 현재 행하고 있는 바의 근원을 생각해 본다면, 자신의 행동에 대한 판단이 서게 될 것이다. 이기심에 의해서, 혹은 질투심에 의해서, 혹은 명예심에 의해서 상대를 비방하고 헐뜯고 하는 것이 인지상정이라고는 하지만, 우리 불자들

은 언제나 자신의 진면목을 되돌아 볼 수 있는 자세를 가져야
할 것이다. 바로 자신이 가지고 있는 그 진면목 그것이 깨달음
을 얻을 수 있는 자신이 가지고 있는 '불성佛性'을 찾아내는 길
이 되기 때문이다.

명복 冥福

착한 일을 많이 했던 악한 일을 했던 간에 그가 죽음에 이르렀을 때 우리는 모두 그의 명복을 빌게 된다. 그것은 인간인 이상 어쩔 수 없는 모순인지도 모른다. 그만큼 죽음이라는 것은 그 무엇으로도 설명할 수 없는 절대적 경계로의 사라짐을 말하기 때문이다.

명복의 명冥은 명계冥界를 뜻하는 것으로, 명도冥途 또는 명토冥土라고도 한다. 불교사전에 명계라는 말은 "사후의 유명幽冥의 세계를 말한다. 6도지옥, 아귀, 축생, 아수라, 사람, 하늘 중에서 3악도三惡道(지옥, 축생, 아귀) 특히 지옥도와 통한다"고 설명되어 있다. 즉 『십왕경十王經』이라는 중국에서 만들어진 위경僞經(거짓 경전)에 의하여 널리 퍼진 민간에서 믿어져 온 사후 세계를 말하는 말이다.

옛날에는 어린 아이에게 지옥 그림을 보여주면서, "거짓말을 하면 염라대왕께서 혓바닥을 뽑아버린 단다"고들 했는데, 염라대왕이 바로 이 명계를 지휘하는 왕이시다. 염라대왕 앞에서 죽은 자의 생전의 모든 업業(행위)이 거울에 비춰지고, 지은 죄에 따라 재판을 받게 되는데, "거짓말을 하면 혓바닥이 뽑힌다"는 것도 그 재판의 하나일 것이다. 시쳇말로 "지옥에서의 재판도 돈 나름"이라는 말이 있는데, 이는 염라대왕에게 뇌물을 쓰면 잘 봐준다는 의미로 회자되는 말이다. 그 때문인지 우리의 장례 풍속 중에 시신을 염할 때 시신에 쌀을 입에 물려주며 "100만 냥이요" "200백만 냥이요" 하며 한 숟가락 한 숟가락 넣을 때마다 외치는 풍습을 웬만한 사람들은 보았으리라.

어쨌든 간에 명계라고 하는 사후의 세계는 망자가 구천을 헤매다가 찾아간 곳이며, 지옥도와 통하는 세계이다. 따라서 그곳은 누구라도 가고 싶어 하지 않는 세계이다. 그렇기 때문에 망자의 유족들은 정성을 다해 망자를 위해 할 만한 일은 다 해 준다. 그러다 보니 비용이 많이 들게 되고, 그 덕분에 부주 돈을 받게 되는 것이니, 이러한 십시일반의 행위는 나쁜 풍속은 아니라고 본다. 그러나 망자에 대해 생전에는 별다른 관심도 두지 않다가 그가 사망한 후에 어떤 도리를 한다고 한들 그것은 이미 부질없는 짓이 아닐까? 그런 점에서 "명복을 빈다"는 말은 사후

의 망자에 대해 안녕을 기원한다는 뜻이지만, 그다지 좋은 말은
아니라고 여겨진다.

물론 망자에 대해 존경심을 가지고 최대한의 애도를 표하는
자세는 바람직한 일이지만, 그가 생전에 있을 때 비록 부족한
점이 있더라도 인간적인 면에서 감싸주고 도와주고 하는 것이
진정한 그에 대한 사랑이 아닐까 한다. 죽은 후에 아무리 잘 한
들 그 무슨 소용이 있겠는가? 더구나 명계라는 개념은 불교에서
는 있지도 않은 말이다. 속세에서 민간인들에게 위협을 주기 위
해 만들어진 가짜 불경假經에서 어리석은 자를 미혹하던 그런
말이 '명복' 이라는 점을 우리는 알아야 할 것이다.

그런 점에서 "명복을 빈다"는 말은 불교도가 사용할 말은 아
니라고 본다. 그것은 사이비 종교가들이 만들어낸 말이다. 그런
점에서 불교도라면 사용하지 않는 편이 좋을 것 같고, 그 대신
죽음에 임하기까지 최선을 다해 현세에서 편안한 삶을 살다 죽
음에 이르게 하는 것이 불교가 말하는 현실 극락론의 요체이다.

인간이 살아가는 그 좋은 극락세계에서 왜 잘 살다가 가는 망
자를 위해 명복이라는 가식적 행위를 해야 하는가 하는 점을 우
리는 한 번 되새겨 볼 필요가 있는 것이다.

명성 名聲

불교의 세계에서 말하는 '명성'이라는 말은 '평판'이나 '명예'를 의미한다. 그러나 그것은 일반인들이 생각하는 사회적으로 추앙받는 그런 의미에서의 명성과는 질적으로 다른 의미이다. "저 사람은 평판이 좋은 사업가야", "저 사람은 평판 좋기로 유명한 정치가지" 혹은 "저 사람은 봉사활동도 많이 하고 학식도 높아 사람들이 존경하는 분이지" 등의 말은 모두 우리가 일반적으로 사용하는 명성의 작은 예이다.

그러나 불교에서의 명성은 그 의미가 전연 다르다. 즉 "듣기 좋은 소리", "내 생명을 일깨워 주는 소리", "깨달음을 주는 소리" 그것이 명성이라는 의미이다. 즉 "소리로써 전해지는 것은 존엄한 부처님의 가르침이기에, 귀를 기울이고 듣게 된다"는 뜻이 명성의 진정한 의미이다. '성문聲聞'이라는 말이 있다. 즉

"설법하는 소리를 듣고 깨닫는 것, 그리고 그렇게 하는 사람"을 지칭하는 말이 곧 성문이다. 그렇기 때문에 불교의 십계十界에서 성문계 단계에 들어가는 사람부터가 깨달음의 세계에 들어갈 수 있는 자격을 부여하고 있는 것이다. 부처님의 말씀을 듣고서도 그 말이 무슨 뜻인지를 모른다면 그 사람이 어떻게 깨달음을 얻을 수 있겠는가 말이다. 그렇기 때문에 깨달음을 얻기 위해서는 불교에 대해서 어느 정도는 이해를 해야 하는 것이다. 다시 말해서 수행과 공부가 겸해져야지만 깨달음의 세계로 한 발 더 나아갈 수 있다는 말이다.

그러나 요즘 사람들은 모두가 신앙생활을 할 수 있는 것도 아니고, 그런 시간을 못 가지는 사람들이 많은 것을 감안할 때, 그래도 사회는 유지가 되어야 하니 반드시 좋은 말과 정보는 잘 듣고 이해를 해야 한다는 말로도 대체할 수 있을 것이다. 남의 말을 안 듣고 자신의 생각만 열을 토하며 주장하는 사람은 사회에서 쓸모없는 사람이라는 말이다. 남의 좋은 말을 잘 듣는 사람은 나름대로 자신을 되돌아보고 반성하며 말을 아끼고 자제하게 된다, 그러다가 결정적일 때 자신의 의사를 개진하게 된다. 대체로 그런 사람들의 말은 설득력을 갖게 되어 남들로부터 인정을 받게 되는 경우가 많다.

'명성'이라는 말은 '성문'과 같은 말이다. 그런 깊은 뜻도 모르고 연속극이나 영화 속에서 주연 하나 꿰어 차서 인기가 오르면 마치 세상이 자기 것인 양 온갖 짓을 서슴지 않고 하는 사람들이 있으니, 요즘 야구선수, 연예인 등을 위시한 병역 비리자, 도박하는 자, 사기 치는 자 등이 모두 그런 사람들이다. 명성이라는 말이 어떤 의미인지를 그들이 알았더라면 그런 국가와 국민을 배신하는 행위는 하지 않을 것이다.

그러므로 우리 불자들은 먼저 부처님의 말씀에 귀를 기울여야 하고, 그 말씀을 또 다른 사람들에게 전도해야 하는 사명이 있는 것이고, 그로부터 명성을 얻게 되는 것이다.

무사 無事

중국에서는 무사라는 말을 잘 사용하지 않고 있다. 그러나 한국과 일본에서는 아주 많이 사용하고 있는 말이다. 그 차이가 무엇인지 생각을 해보면 재미있는 발견을 하게 된다. 중국인들은 원래 의심이 많고 낙천적인 성격인데 비해 한국과 일본인은 의심이 적고 비 낙천적인 성격을 가지고 있다는 사실이다. 물론 이 말이 전적으로 맞는 말은 아니나, 비슷한 점도 있다고 생각할 수도 있을 것이다. 일본인들은 항상 말이 적고 과묵하지만 그 대신 남을 의심하는 버릇이 적은 편이다. 우리나라 사람들이 낙관적인 면은 있지만 중국인과 비교해 보면 많은 차이가 있다. 즉 멍석을 깔아 놓아야 한국인은 즐거워하는 데 비해 중국인들은 일상생활 자체를 낙천적으로 받아들이고 순수하게 받아들이기 때문이다. 그러나 그들은 웬만한 사람에게는 마음의 문을 열지를 않는다. 그것을 의심이 많다고 표현하기는 뭣하지만, 그래도 의심이 많다고 표현하는 것이 적당할지도 모른다.

갑자기 '무사'라는 말을 하다가 낙천적이니 의심이 많다느니 하는 말을 하니까 이상하게 여길지 모르나, 실은 '무사'라는 말은 불교에서 "터럭만큼도 의심하지 않는 것", "번뇌가 조금도 없는 상태" 이런 상태를 '무사'라고 했던 것이다. 그러니 이런 의미를 한·중·일 세 나라 사람에게 적용시키다 보니 중국인들은 무사라는 말을 잘 안 쓰게 된 것이고, 한·일 양국 사람들은 잘 사용하고 있다고 보게 된 것이다.

그 시비는 차치하고, 이처럼 무사라고 하는 말은 편지글에서 육체적으로 별 문제가 없느냐 하는 식의 의미와는 달리, "정신적으로 안정돼 있느냐?" 혹은 "어떤 조금의 의혹도 없이 지내느냐?" 하는 정신적 차원에서 사용하던 용어였다.

이런 뜻 외에 불교에서는 또 무학無學이라는 말과 통용해서 쓰고 있다. 무학하면 "배우지 못한 사람"이 되겠지만, 불교에서의 무학은 "배움이 너무 지나쳐 배움의 단계를 뛰어 넘은 단계의 사람"을 지칭할 때, '무학' 또는 '무사'라는 말을 사용하는 것이다. 예를 들어 수행자 중에서 가장 높은 위치에 올라 있는 분을 아라한阿羅漢이라고 한다. 그를 일명 '무학자無學者'라고도 부르고 있음을 상기하면 될 것이다. 즉 수행의 최고 단계에 이르러 수행 면에서 일단락을 지은 수행자를 바로 '무학자' 또는 '무사자' 라고 한 것이다. 그런 면에서 부처님도 무학자의 한 분 이시다. 즉 무학자·무사자란 부처님과 같은 레벨의 인격자를 말한다.

또 선종에서 임제종臨濟宗과 조동종曹洞宗을 나눌 때, 그들은 수행방법을 통해 나누어 지는데, 임제종의 경우는 간화선看和禪을 조동종의 경우는 묵조선默照禪을 위주로 수행을 하고 있다. 간화선이란 스승으로부터 가르침의 방법을 받아 선을 수행하는 법이고, 묵조선은 침묵하며 좌선을 하는 것으로 지혜의 작용을 추구해 가는 방법이다. 바로 이 묵조선을 일명 '무사선無事禪' 이라 하는 것이다. 그런 점에서 '무사' 는 또한 '달達' 과도 통하고 있다. '달' 이라고 하는 것은 '달인達人' 이라는 말에서 살펴 볼 수 있듯이 '진리의 인간' 이라는 뜻을 내포하고 있다. 수행을 통해서 진리의 인간에 도달하려는 그 자체를 또한 '무사' 라고 하는 것이다. 그러므로 우리는 "무사히 다녀와" 혹은 "무사히 지내"라는 속세에서의 무사의 뜻을 지양하고, 진리의 인간에 도달하고자 하는 달인 즉 도사가 될 수 있는 방향으로의 '무사' 함을 추구해야 할 것이다.

무소득 無所得

'무소득'이란 일반적으로 사용하길 뭔가 얻으려고 노력을 했는데 그에 상응하는 결과를 얻지 못했을 때 쓰는 말이다. 대학을 가려고 열심히 공부했는데 결국 대학에 떨어졌거나, 가수가 되려고 열심히 작곡가를 찾아다니며 노래 연습도 했지만 결국 음반 하나 못 내고 단념을 하거나, 산삼을 얻으려고 온 산을 다 뒤집고 다녔지만 인삼 같은 이파리 하나 못 보았을 때 우리는 소득이 없다고 말한다. 이처럼 소득이 없는 일을 한 것을 '무소득'이라고 사용하고 있다.

그러나 불교에서 말하는 '무소득'은 인간세상에서 이익을 추구하다가 손해만 보는 그런 이해타산적인 측면에서의 뜻이 아니라, 불교의 매우 중요한 경지이며 가르침을 뜻하는 말이다. 즉 사물에 집착하거나 구별하지를 아니하고, 아무런 것에도 구애받지 않는 자유로운 경지를 '무소득'이라고 한다. 이러한 뜻은 '무소득'을 나타내는 산스크리트어 'anupalabdhi'(아누파라부디)라는 단어를 통해서 알 수 있다.

즉 '무소득'이라고 하는 말은 깨달음을 얻어 마음이 평안한 상태, 사리사욕이라고는 전혀 마음에 와 닿는 말이 아닌 그런 최고의 경지에 올라간 상태를 의미한다. 이처럼 가장 숭고한 이 말이 세간에 흘러들어가면서 한자의 뜻을 직역하는 과정에서 우리가 사용하는 의미로 바뀐 것이다. 그렇기 때문에 소득을 얻으려 우리가 노력을 했지만 비록 그 어떤 결과를 얻지 못했다 하더라도 그것을 괴로워하고 아쉬워 할 필요가 없는 것이다. 아무 것도 얻지 못한 대신 경험과 그러한 사리사욕에 대한 허무함 등을 깨닫게 됐기 때문에, 즉 바로 불교에서 말하는 최고의 경지 '무소득'의 세계에 한 발 더 들어 설 수 있는 계기를 마련하게 되었다는 것이 되기 때문이다.

결국 아무 것도 없는 빈 털털이 신세지만, 바로 그 세계를 이해하고 자족하며 만족해한다면, 그것이 바로 '무소득'의 세상이라는 것을 우리 대중들은 이해해야 할 것이다. 청빈의 세계를 사랑하는 모든 이들이 바로 '무소득'이 가리키는 마음의 평화 자들이라는 것을 우리는 다시 한 번 생각해 보아야 할 것이다.

무심 無心

　춘향전에서 춘향의 어머니인 월매가 사위가 될 줄 알고 열심히 딸과 정분을 이어가라고 온갖 수발을 다 해줬건만 과거본다고 한양으로 간 이도령이 끝내 나타나지 않자 하늘에 대고 "무심한 사람"이라고 여러 번 외치는 장면이 나온다. 이처럼 자신은 정성을 다해 도움을 주었는데 상대방은 그런 마음도 모르고 돌아오기는커녕 연락도 끊는 경우 이런 사람을 "무심한 사람"이라고 한다. 이런 대사를 종종 연속극 같은데서 들을 수 있는데 한결 같이 이런 말을 하는 사람들은 상대방에게 잘하게 되는 동기가 어떤 기대 값을 갖고서 그런 도움을 줬다는 뉘앙스가 짙게 깔려 있음을 엿볼 수 있다.

　그러나 불교에서는 '무심'이 이러한 뜻이 아니라 "허망하게 분별하는 쓸데없는 마음이나, 미혹하는 마음을 없애버리는 것"

을 말한다. 즉

> "부처님을 믿고 향하여 그 마음에 더러움이 없고, 무심의 가르
> 침을 또한 믿으면 이것이 굳은 믿음이다"

『광박엄정경廣博嚴淨經』

라고 하는 말처럼, 온갖 그릇된 생각을 떠난 마음 상태, 망념을
떠난 진심이 바로 무심인 것이다. 허망하게 분별하는 마음이 마
치 그림자 같아서 자성自性을 얻을 수 없기에 무심이라고 한 것
이다.

> "만약 망심이 일어나지 않으면 깨달음에 이른다. 이를 무심이
> 라 한다"

『종경록宗鏡綠』에서는 무념무상의 상태로 수행에 정진하는 사
람을 '무심도인'이라고 했다. 보조국사 지눌知訥은 무심에 관해
'무심이란 마음 자체가 없다고 무심이라 하는 것이 아니다. 마
음에 걸리는 일이 없고 일에 걸리는 마음이 없으면 저절로 비었
으면서도 신령하고 고요하면서도 묘한 것이다. 그것은 망심이
없다는 것이지 진심의 묘용이 없다는 것이 아니다'라고 말했다.

이처럼 '무심'하다는 것은 나의 뜻을 몰라주는 의타적인 말이
아니라, 자신 스스로의 마음속에서 일어나는 주관적인 마음의
상태를 말하는 것이다.

무학 無學

  무학이라는 말은, 일반적으로 학문 지식이 없다는 의미이다. "무학이다"라는 말은 해당 사안을 이해하는데 필요한 지식이 없는 것, 더 나아가서는 사물의 본질 내지 사물의 도리를 이해하지 못하는 것, 이에 더하여 사태를 분별하는 능력이 없다는 의미로 널리 사용되고 있다. 특히 지금과 같은 학력 편중의 사회에 있어서 무학이라는 것은 결정적인 마이너스 평가를 뜻하는 사태가 되기도 한다. 물론 "나는 무학으로 잘 살고 있습니다만……" 하는 말을 들었을 때는 주의하지 않으면 안 된다. 그 말을 있는 그대로 받아들인다면, 대개의 경우 그야말로 예의라는 것을 알지 못하는 자로서 혹독하게 혼이 난다. 하지만 이런 경우에도 무학의 의미는 일단 해당 지식이 모자란다는 뜻으로 사용되고 있는 것이다.

그런데 불교에서 '무학'이라고 하면, 배워야 할 것을 모조리 배워서 더 이상 배울 수 있는 것이 남아 있지 않은 상태, 즉 배움이 극한에 이른 경지를 의미한다. 이에 비하여 아직까지 배워야 할 것이 남아 있는 상태는 '유학有學'이라고 한다. 이런 경우의 "배워야 할 것"은 불도佛道, 요컨대 자신의 미망迷妄에서 벗어나 부처로서의 깨달음을 얻는 것을 말한다.

아직까지 배워야 할 것이 남아 있는 상태를 '유학'이라 하고, 이미 남아 있지 않은 상태를 '무학'이라고 부르는 이유는 불교의 입장에서 생각하는 명확한 인간관때문이다. 즉 사람이 산다는 것은 깨달음을 향한 길을 걸어가는 것이며, 깨달음을 얻지 못한 동안에는 인간으로서 배워야 할 과제가 여전히 남아 있다는 견해이다. 부처를 기준으로 하고, 부처의 눈을 통해서 본 인간관에는, 본래 인간은 더 이상 배워야 할 것이 없는 무학의 경지無學果에 이르러서, 부처의 지혜無學慧를 자신의 근원에서 개척하여 얻을 수 있다는 인간에 대한 무한한 신뢰감이 포함되어 있다. 하지만 이것은 능력주의적 인간관이 아니다.

이승의 몸 어느 누가 무학과無學果를 얻었다고 말할 수 있을까? 살아 있다는 것은 결국 과제를 짊어지고 있다는 뜻이다. 하지만 끊임없이 번민하고 괴로워하며, 그 속에서 자기의 생이 과제를 짊어진 존재라는 점을 명백히 받아들일 수 있는 곳에는 이미 아득한 무학의 지혜, 영원한 불광佛光이 비치고 있다. 언제나 유학인 자신의 근원에 불도佛道의 한 줄기, 즉 사람으로서 걸어야 할 길이 분명히 있는 것이다.

무학의 의미가 거꾸로 되어 있는 세계 쪽으로는 부처가 보이지 않으며, 따라서 인간의 구원도 없다고 할 수 있다.

문 외 한 門外漢

요즘처럼 모든 게 급히 변화하는 시기는 얼마 전까지만 해도 전혀 생각을 못했을 정도로 시대의 변화가 우리의 의식을 바꿔 가게 하고 있다. 이러한 시대 변화를 이끄는 견인차 역할을 하는 것이 컴퓨터이다. 그러나 웬만한 과학자 외에는 이러한 컴퓨터의 발전 속도를 따라가기는커녕 이를 이용할 줄도 모른다. 이런 사람을 소위 컴맹이라고 하는데, 이러한 컴맹이라는 말보다는 문외한이라는 말이 더 어울리지 않을까 한다. 컴맹은 어느 정도 컴퓨터를 아는 사람이 그 발전하는 속도를 따라가지 못했을 때 말하는 것이고, 문외한이란 아예 컴퓨터를 모르는 사람을 지칭하기 때문이다.

이처럼 일상용어에서의 문외한이라는 말은 어느 한 지식이나 기술에 입문하지 못한 사람을 지칭하는 말이다. 그러나 불교에

서는 '여래'를 만날 수 없는 사람을 '문외한'이라고 불렀다. 즉
『금강경』에 이런 구절이 있다.

"색으로 나를 보려고 하고, 소리로써 나에게 요구를 청하는 것
은, 사악한 도를 행하는 것이므로, 여래를 만날 수 없도다. 이러
한 자를 문외한이라 한다".

지식이나 기술에 익숙하지 못하여 다른 사람의 말을 알아
듣지도 못하고 무슨 말인지 판단할 수도 없어 마치 다른 세
상에 사는 사람처럼 보이는 자를 '문외한'이라고 쓰는 것처
럼, 불교의 본질인 여래를 모르는 것 역시 불교를 모른다는
뜻이니 '문외한'이라는 말만은 불교적으로나 현실적으로나
그 쓰임이 비슷하다고 하겠다. 다만 그 쓰임의 목적이 다른
것이 차이라면 차이일 것이다.

그러나 요즘 같은 세상에 문외한이라고 불리어 진다면 그것
은 이 세상을 살아가는데 낙오자가 된다는 것을 의미한다. 오늘
날의 사회를 지식자본주의시대라고 한다. 이러한 시대에서 살
아갈 수 있는 능력을 가진 사람은 현재의 기준으로 볼 때 약
30%정도 된다고 영국의 한 사회학자는 경고하고 있다. 다시 말
해서 70%사람은 30% 사람에게 종속되어 간다는 말이다. 즉 현

대판 노예라는 의미이다.

우리나라에서의 교육열은 이러한 미래세계에 대한 대비책으로써 나타난 것은 아니지만, 어쨌거나 배움을 그만큼 추구한다는 것은 어쩌면 미래 세계를 우리가 주도할 수 있는 기초가 될지도 모른다는 점에서 웃을 수도 울 수도 없는 우리의 처지를 비관만 할 필요는 없다는 말이다.

미소 媚笑

박장대소, 미소, 쓴웃음, 비웃음, 냉소. 우리의 일상생활에는 참으로 다양한 웃음이 있다. 그런데 석존께서는 웃지 않는다. 왜냐하면 석존께는 번뇌가 없기 때문이다. 그러니까 석존께서 웃는다는 것은 대단히 중요한 의미를 갖는 것이다.

친아들인 황태자 아도세阿闍世의 반역으로 아버지를 옥중에서 아사시키게 되고, 자신도 역시 왕궁 깊숙이 유폐되고 만 위제희 韋提希 부인은 걱정으로 몸이 여위고 비탄에 빠지고 말았다. 그러자 그녀는 불제자 아난에게 위안받기를 원했다. 그런 그녀의 눈앞에 산에서 설법하시던 석존께서 설법을 그만 둔 채 그녀 앞에 나타나신 것이다.

위제희는 몸에 지닌 영락瓔珞(장신구)을 잡아 뜯으며 땅바닥에 넘어져 흐느끼면서 석존께 원망하는 말을 늘어놓았다. "저는 왜 그런 나쁜 자식을 낳았습니까? 그리고 석존께서는 왜 아도세를 유혹한 악인 제바달다提婆達多의 권속친척, 동료이 되셨습니까?" 위제희는 숨을 고르더니 곧바로 "이 세상은 지옥입니다. 이제는 더 이상 살고 싶지 않습니다. 고통과 번뇌가 없는 청정한 세계를 가르쳐 주십시오"라고 애원했다.

그러자 석존께서는 시방불十方佛을 보여주셨다. 시방의 불국을 보고 난 그녀는 차분하게, "각각의 세계는 청정하고 빛나지만, 저는 지금 특히 극락정토 · 아미타불이 있는 곳에서 살고 싶습니다. 그 길을 가르쳐 주십시오"라고 말했다.

그때 석존께서는 비로소 미소를 지으시며 입에서 빛을 내시며 기르침을 설법하기 시작하셨다

이처럼 석존께서 산에서의 설법을 중단하시고 위제희를 위하여 모습을 드러내셨다는 것은 석존의 희망이 고뇌하는 자를 구제하는 데 있다는 것을 의미한다. 또한 위제희는 허식을 벗어버렸다는 것을 의미한다. 그녀는 이 세상에 염증을 느꼈으며, 고통과 번뇌가 없는 세상을 원했다. 그리고는 부처님의 계시를 들으면서 그 요구가 다시 단순화 되어 유일하고 진실한 세계를 원하게 되었던 것이다. 그러한 모습을 보시며 석존은 미소를 지으신 것이다. 그것은 석존께서 산에서 내려와 그녀를 인도하고자 했던 본래의 소망이 실현되었기 때문이었다.

그 유명한 선불교에서 말하는 '염화미소拈華微笑'가 그 대표적인 예일 것이다.

번 뇌 煩惱

　조지훈의 '승무' 라는 시 속에 "번뇌는 별빛이라" 는 말이 나온
다. 이는 번뇌를 가지는 것이 인간이고 이 번뇌의 이치를 깨닫
고 극복하는 것이 바로 수련이며 깨달음의 세계로 나아가는 첩
경이라는 점에서 그는 무한한 동경의 세계인 별빛 즉 깨달음의
세계로 승화시켰던 것이다. 이처럼 번뇌는 세상 모든 사람에게
공통적으로 가지고 있는 마음의 병인 것이다. 다만 이를 어떻게
극복하는가가 그 자신의 인생을 가늠하게 되는 저울의 추가 될
것이다.

　산스크리트어에서 말하는 Kleáa크레샤라는 말은 '집착' 이라
든가 "마음을 괴롭혀서 상처를 주는 것" 등을 의미하는 말인데,
이를 한역어로 번역하기를 번뇌라 했고, 불교의 전래와 함께 들
어온 말이다. 불교에서는 깨달음진리 진실을 향한 자각을 방해

하는 근본적인 마음의 방황, 즉 자신의 내면에서 생겨나 자기 자신을 방황하고 번민하게 만드는 자기의 욕심이라고 해석하고 있어 산스크리트어로 된 크래샤와는 차이가 있다고 할 수 있다.

어찌되었든 번민과 방황의 근본 원인은 자기 자신에게 있는 것이며, 달리 있는 것이 아니다. "번뇌는 끝이 없는 것이다"라는 것이 결국은 불교의 해석이다. 불교는 이러한 번뇌를 108가지로 나누고 있다. 그래서 제야의 종은 인간의 108번뇌를 하나하나 없애주기 위해 종을 치는 것이라고 한다. 이러한 번뇌의 '근본 번뇌'를 불교는 탐貪 · 진瞋 · 치痴 · 견見 · 의疑 · 만慢 등 6종의 번뇌로 나누어 말하고 있다.

첫 번째의 '탐'은 탐욕, 즉 "사람이나 물건에 대하여 욕심을 내고 집착하는 것"을 말한다.

두 번째의 '진'은 노여움, 즉 "사람이나 물건에 대하여 화를 내고 증오하며 시기하고 원망하는 것"이다. '탐'이 '호기심'이라면, '진'은 반대의 '혐오감'이다.

세 번째의 '치'는 우둔함, 즉 "진리와 도리에 어두운 무지, 어리석음"이다. '치'는 번뇌의 근본이며, 여기서 '탐'과 '진'이 생겨난다. 따라서 '탐, 진, 치' 셋은 인간이라는 존재에 기인하는 근본적인 번뇌로 볼 수 있으며, 특히 '3독'으로 부르기도 한다.

네 번째의 '견'은 5견, 즉 "무지에서 비롯된 다섯 가지의 그릇

된 견해와 판단"이다. 예를 들면 '자기'라든가 '자신의 것'이라는 견해, 사물을 고통이나 즐거움, 유 또는 무의 양극으로 나누어 단정하는 견해, 또한 자신의 견해만이 옳다는 판단 따위를 말한다.

다섯 번째의 '의'는 "진리와 도리를 의심하고, 부처님의 가르침을 의심하는 것"이며, 진실의 확신을 얻지 못하고 스스로 갈피를 잡지 못하는 상태를 말한다.

여섯 번째는 '만', 즉 "스스로를 뽐내며, 남에게 거드름을 피우는 망상"이다. 그 가운데는 자신을 자랑하는 '자만'이 있으며, 일견 비하하면서 자랑하는 '비하만卑下慢', 진리를 모르면서도 안다고 확신하는 '증상만增上慢'도 있다.

이러한 것들이 자신의 마음속이나 뇌리 속에 있다면 그는 언제나 번뇌를 털어낼 수가 없을 것이다. 따라서 번뇌를 없애기 위해서는 마음을 비우고 편안함을 추구하는 것이 우리 속세 인들의 현명한 방법이다. 그러나 이러한 일이 쉬운 일이 아니기 때문에 부처님께 의지하며 자신의 올바른 참 인생의 길이 무엇인가를 찾아서 생활하고자 기도를 하는 것이고 그 기도장소로써 명산대찰을 찾아가는 것이다.

범부 凡夫

범부라고 하면 일반적으로 뚜렷한 사회적 지위나 특출한 기술이나 장기가 없이 그저 평범하게 살아가는 세상 사람들을 말하는 대명사로 쓰여 지고 있다. 그러나 불교에서는 범부라는 지위를 명확히 구분하고 있다. 먼저 그 개념에 대해서 『화엄경』에서는

"범부들은 신심身心의 고뇌를 만나면 갖가지 악행을 일으키기 마련이니, 몸이 병들거나 평등한 도리를 몰라 차별을 일으키고 고뇌하게 되는 경우, 신·구·의 등 삼업에 의해 갖가지 악을 짓게 된다"

고 말하고 있다. 이를 좀 더 자세히 살펴보면 다음과 같다.

산스크리트어 프리트하그쟈나(prthag-jana)를 직역하면 이
생異生이라는 말이 된다. 이생이란 여러 가지 번뇌나 견해에 의
해서 갖가지 업을 일으킨 뒤에 갖가지 과보를 받아 여러 세계에
태어나는 존재라는 뜻이다. 즉 어리석어 아직 번뇌에 얽매여 생
사윤회의 고통을 벗어나지 못하는 존재라는 의미이다. 『대법다
라니경大法陀羅尼經』은 다음과 같이 설명하고 있다.

　　"지옥은 범부의 허망한 분별에 의해서 생기는 것이고, 축생·
　　아귀에 이르러서도 역시 그렇습니다."

　수행의 단계로 보면 견도見度에 이르기 이전을 범부라고 한
다. 견도란 처음으로 무루無漏의 지혜가 열려서 사체四諦를 보는
지위를 말한다. 범부에 대해서는 소승과 대승이 서로 다르게 말
하고 있다. 즉 소승에서는 공부가 완성되어 존경과 공양을 받을
수 있는 성인의 지위에 올라서는 것을 성문사과聲聞四果라고 하
는데, 그 이하의 단계를 범부라고 한다. 대승에서는 보살이 성
불하기까지 수행하며 오르는 52지위 가운데 제41위를 초지初地
라고 하는데, 그 이상을 성인이라 하고, 그 이하를 범부라고 한
다. 즉 범부란 사제의 도리를 완전히 알지 못하는 지혜가 얕은
사람을 의미하는 말인 것이다.

그럼에도 불구하고 범부는 불교에서 인간관을 나타내는 중요한 용어이다. 일반적으로는 인도의 카스트 제도에 있어서 "낮은 계층의 사람"을 지칭하는데, 불교에서는 범부·범우凡愚·범인 등으로 의역하거나 이생異生(계급이 다른 출신)으로 직역하며, 불교와 만나기 전에 "스스로의 번뇌에 얽매어 다양한 삶을 살고 있는 사람"을 의미했다. 단순히 자신을 비하하는 것만이 아니라, 불법의 밝은 빛을 받고 자기의 어리석음을 자각한 사람이 스스로를 '범부'라고 불렀다는 점에서, 매우 겸손하며 불법에 다가가며 생활하는 사람을 말하는 속 내용이 있는 것이다.

변화 變化

어린 아이들은 변신하거나 보통 때의 놀이에 변화를 주는 것을 아주 좋아한다. 싫증이 나면 한층 더 자극적인 변화를 원하는 것이 어른들의 버릇이다. 그렇지만 아이들은 놀이 속에서 다양한 대리체험을 하면서 진정으로 변신하고 발달 변화를 거듭하는 것이다. 유치원 같은 장소에서 친구와 함께 사회의 각종 역할을 의사체험疑似體驗함으로써 보다 건전한 인간으로 성장하는 것이라고 생각한다.

그러나 불교에서 '변화'는 불성佛性이 여러 가지로 형태를 달리하면서 모습을 드러내는 것이라고 설명한다. 그리하여 신기한 조짐이나 신통력으로 만들어낸 것, 이에 더하여 요괴처럼 마음대로 바꿀 수 있는 것까지도 지칭하는 듯하다. 마치 구원을 바라면 나타나고 수습되면 사라지는 것과 같은 것처럼 말이다.

상상력이 가득한 어린 아이들은 언제든지 남녀노소는 물론 개와 호랑이로, 또한 커다란 바위나 로케트로도 자유롭게 변신 한다. 마음 속 깊이 변해 있는 그 모습은 틀림없이 보살의 경지 도 느낄 것이다. 하지만 공상하는 버릇이 비난받게 되고, 그러 는 가운데 나이가 먹어감에 따라 변화가 종식되며, 변하는 것이 불가능한 존재가 된다.

우리는 인생의 마지막을 어떠한 모습으로 맞이할 것인가? 사 회가 변하는 가운데 적절한 모델을 찾아내지 않고 변신의 희망 만이 몸속에서 계속 꿈틀거릴 것인가? 미더운 일은 아니지만, 어린 시절의 행복을 되씹어 보는 것도 우리가 현재의 모습을 변 화시킬 수 있는 하나의 원천이 되지 않을까 생각된다.

요즘 세상을 살아가려면 변화하는 세상만큼 내가 변화해야 한다. 그것이 우리가 인생을 향유할 수 있는 유일한 방법이다. 그렇기 때문에 아이들이 무의적으로 변화하는 세상을 따라가고 자 조그마한 사고방식 하에서 빚어내는 여러 형상들, 즉 게임을 한다거나, 만화에 빠진다거나, 생각 없이 연예인을 추종한다거 나 하는 것을 너무 나무라지만 말고 그러한 의식세계를 올바른 곳으로 유도해 줄줄 아는 그런 현명한 부모들이 되도록 노력해 야할 것이다.

분별 分別

"세상 물정을 아는 체하다", "한창 사리를 가릴 나이"라는 말처럼, 세상사에 관하여 상식적이고 신중한 고려와 판단을 하는 것, 또는 그런 능력을 가리키는 말인 '분별'의 반대어에 '무분별'이 있다. "무분별한 말을 하다", "무분별하기 짝이 없다"는 말 등 어느 것이나 사려 깊지 못한 상태를 가리킨다.

이 '분별'과 '무분별'은 불교에서도 자주 사용하는 말인데, 그 의미하는 바는 일상에서의 용법과는 정반대이다. 불교에서 '분별'이라고 할 때는 말과 생각에 의지하여 멋대로 만들어 내는 망상이라는 의미이며, '무분별'은 망상에 사로잡히지 않고 있는 그대로 올바르게 진리를 이해한다는 의미이다.

'분별'에 대해서는 중국의 고대 사상가 장자莊子도 역시 그 결함을 지적하고 있다. 이 우주에서 어떻게 하면 진리를 파악할 수 있을 것인가? 우리들 인간의 상식으로써 무엇인가를 이해하려고 한다고 할때 이 "이해하다"라는 말이 뜻하는 것처럼 사물을 '분해' 함으로써 일단 일이 시작된다. 아니면 판단(사물을 반으로 나누는 것), 분석(사물을 나누고 쪼개는 것), 이해(사물을 조리 있게 분해한다)라는 말처럼, 인간은 하나의 사물을 그대로 '아는 것' 은 불가능하며, 반드시 이것을 둘로 나누는 작업을 거친 뒤에야 비로소 알 수 있다. 따라서 지식으로 파악한 세계는 반드시 전후·좌우·선악·미추라는 상대적이며 차별적인 모습으로 나타난다.

그러나 양분된 모습이 과연 본래의 형태, 있는 그대로의 모습일까? 참모습을 파악하려면 사물을 둘로 나누어 차별하는 '인위(분별)' 를 없애고 '무위(무분별)' 에 의할 수밖에 없는 것이다.

현대 사회는 오로지 분별의 방향으로만 치달리고 있다. 그 역할은 충분히 인정하지만, 이쯤에서 '무분별' 내지는 장자가 말하는 '무위자연無爲自然' 을 한번쯤 되돌아 볼 필요가 있는 것은 아닌지 생각해 보자.

분신 分身

　분신이라는 말은 어떤 상대자와 똑 같은 형태와 행위를 하는 것을 말한다. 예를 들면 죽은 이소룡을 똑 같이 흉내 내어 그의 남은 작품을 대신하는 배우나, 한 독재자의 길을 똑 같이 밟아 나가는 독재자 등을 말할 때 "누구 누구의 분신이다"라는 말을 쓰는 경우와 같다. 따라서 이 말은 좋은 의미로도 나쁜 의미로도 곧 잘 쓰이곤 한다.

　그런 점에서 불교에서도 크게 다른 의미로 쓰이고 있지는 않다. 산스크리트어에서 분신에 해당하는 말은 ātmabhāva-nirmita인데, 그 의미는 일반적으로 우리가 사용하는 것과 크게 다르지 않다. 즉 불보살들이 중생을 구제하기 위한 하나의 방편으로써 모습을 바꾸어 나투하는 것을 '분신'이라고 하였다. 이러한 사실은 『법화경』을 비롯하여 여러 경에서 자주 볼 수 있다.

"다보불의 깊고 중한 서원이 '저 부처님의 분신인 모든 부처님들을 남김없이 한 곳에 모아 놓아야 내 몸을 나타내 보이리라' 하셨느니라. 그러하기에 나의 분신인 시방세계에서 법을 설하는 여러 부처님들을 이제 마땅히 모으리라"

『법화경』「견보답품見寶塔品」

"그때 석가모니 부처님의 분신인 여래께서 무량 천만 억 다른 곳 국토에서 오시어……."

『법화경』「종지용출품從地踊出品」

천태종에서는 법화경에 의거해 80년을 사셨던 석가모니 부처님이 화신이시며 그 실체인 보신은 오랜 옛적 실제로 성불하고 미래 영겁에 걸쳐서 항상 영축산의 정토에 머무신다고 하고 있다. 이를 구원실성久遠實成이라고 하는데, 법화경의 실성사상에서는 인간을 포함한 모든 존재가 구원실성의 본불 즉 우주의 근원이 생명이신 법신불의 분신이라고 보고 있다.

불교에서 부처와 보살은 무소불능의 능력을 갖고 있어 시방세계의 모든 만물의 형상으로 나타난다고 믿는다. 『법화경』「견보답품」에 "나는 무량제불로 분신할 수 있다"라는 구절에서 이런 의미를 엿볼 수 있다.

그러나 김일성의 분신으로 김정일이 나타났고, 그 김정일의 분신으로 김정은이 나타나고 있는 북한 실정을 보면 분신이라는 말 속에 들어 있는 참혹함이야말로 그 어느 것에도 비교할 수 없을 것이다. 따라서 이러한 처참한 북한정권을 타도하여 북한의 우리 민족을 구할 수 있는 김구 선생 같은 남북통일의 분신이 또다시 나타나도록 힘을 써야 할 것이다.

비행 非行

오늘날 '비행'이라는 용어는 주로 형벌법령에 저촉되는 행위를 한 소년에 대하여 사용되고 있다. 즉 소년법에서 말하는 우범虞犯 및 촉법행위觸法行爲를 포함하는 개념이며, '비행 청소년', '비행 집단', '비행 폭력' 등으로 일상생활에서 자주 쓰는 말이기도 하다. 그밖에 가정 내 폭력, 학대 등의 행위를 가리키기도 하는데, 어느 것이나 비행을 저지른 소년은 보호의 필요성이 있고, 공적 기관에서 보호 · 관찰 · 구속 · 교육 · 처우 등의 대상이 되고 있다.

그러나 불교에서는 '비행'이라는 말이 "이유 · 도리에 맞지 않는다"라는 의미로써 사용되고 있다. 즉 비판의 대상이기는 해도 반드시 나쁘다는 의미는 아니라는 말이다. 보호의 필요성이 있는 소년에게 성인처럼 범죄라는 용어를 결코 사용하지 않으며, '비행소년' '비행소녀'라고 부르는 것도 그와 같은 의도가 있는 것이 아닐까 하는 생각이 든다.

이런 경우 어원은 다르지만, 불교에는 별개의 의미로 '비행'에 대한 중요한 개념이 있다. 즉 "행行이 아닌 것"이라는 의미이다. '행'은 무한의 과거를 짊어지고 있는 우리의 존재를 정당화시키고 있는 그 근저에 있는 작용이다. 그 반대어인 비행은 인간의 모든 의도적인 것을 초월한 것이며, 부처의 경지 그 자체이다. "염불은 행자를 위하여 비행非行 비선非善이다"라는 말은 바로 이런 의미이다. 염불은 자력행自力行이 아니라 부처님 소망의 작용 자체이며, 나는 살아 있는 것이 아니라 살아 있게 함으로써 존재하고 있는 것이라는 입장이다.

그래서 기도하고 또 기도하는 것이 불자들의 의무가 되는 것이다.

사리 事理

"사리에 밝다"고 하는 말은 분별을 할 줄 안다는 의미도 있고, 예를 제대로 갖춘다는 의미도 있다. 혹은 삶의 이치를 깨달아 남에게 폐를 끼치지 않고 살아가는 사람에게 흔히 쓰여 지는 말이다. 우리 사회에서 보편적 가치를 제대로 실천하며 사는 사람을 두고 하는 말이다. 그러나 불교에서는 상당히 교리적인 말로써 사용하고 있다. 즉 '사事' 자와 '리理'가 합친 단어로, '사'라는 것은 사상事象 혹은 사법事法이라 해서 차별적인 현상을 가리키는 말이고, '리理'는 진리·이성理性 즉 보편적인 진리·평등의 본체를 가리키는 말이다. 미혹한 중생의 차별적인 사상을 사事라고 하는데 대해서 그 본체인 보편적 진리를 리理라고 한다. 인연에 따라 나고 멸하고 변화하는 현상을 '사'라고 한다면, 그 실체를 '리'라 하는 것이다.

화엄종의 우주관은 사법계四法界로 설명이 된다. 우주를 현상과 본체로 보면 네 가지가 있는데, 사법계四法界 · 이법계理法界 · 이사무애법계理事無碍法界 · 사사무애법계事事無碍法界가 그것이다. 사법계는 우주의 사물은 각기 구별을 갖고 한계가 있다는 것이며, 이법계는 우주의 사물 모든 본체가 진여라는 뜻이다. 이사무애법계란 이와 사가 서로 융합한다는 것이고, 사사무애법계란 각각 연기하는 것으로 서로가 자성을 지키지만 사와 사를 서로 상대시켜 보면, 서로 상응하여 교섭함을 말한다.

사리에 대한 교리적인 설명은 여러 군데에서 보여 지고 있는데 종파 간의 입장에 약간의 차이가 있다. '이'와 '사'의 교리를 쉽게 이해하자면 금으로 만든 시계 · 반지 · 목걸이 등의 물건은 사事의 세계이며, 근본이 되는 금은 이理의 세계로 비유할 수 있을 것이다.

이러한 불교적 해석은 너무 어려워 쉽게 이해되지 않을 수도 있다. 따라서 우리가 일반적으로 이해하고 있는 "사리에 밝다"라는 소리를 들으며 살아가는 것이 결국은 인연에 따라서 살아가는 것인 만큼, 예를 갖추고 남에게 피해를 주지 않기 위해 분별하며 사는 것이 바로 사리에 밝게 사는 법일 것이다.

사랑 愛

우리는 사랑을 절대적이고 지고한 것으로 생각하는 경향이 있다. 그리스도는 "너의 이웃을 사랑하라"고 했고, 공자가 말한 '인仁' 역시 사랑이며, 텔레비전에서는 "사랑은 지구를 구한다"고 외쳐댄다. 하지만 그들과 달리 석존께서는 사랑은 '괴로움' 이라고 설법하시고, 깨달음에 이르는 '장애물' 이라고 가르치고 있다.

석존께서는 아내를 버리고, 자식을 버리고, 집을 버리고 출가의 길에 몸을 던지셨다. 그것은 또한 사랑을 잘라버리는 것이기도 했다. 사랑이 깊으면 깊을수록 버릴 때의 고뇌도 역시 심하다. 그처럼 심한 고뇌를 알고 있기 때문에 석존께서는 사랑을 고통으로 파악했던 것이다.

또한 사랑이라는 말 자체가 원래 아름답기는 하지만, 우리들 범부의 사랑의 이면에는 항상 구별하려는 마음이 숨어 있다. 자식을 사랑하는 우리의 마음 이면에는 우리 자식과 남의 자식을 구별하는 마음이 있듯이, 무엇인가를 사랑한다는 마음 뒤에는 다른 무엇인가는 사랑하지 않는다는 마음이 감추어져 있다. 애국심이라는 말이 경우에 따라서 위험성을 내포하는 것은 이런 이유 때문이기도 하다. 그리고 이처럼 구별하는 마음은 구별한 것에 대하여 집착하는 마음을 낳는다. 이런 집착을 배경에 둔 사랑은 단순히 자기의 욕망 충족을 위한 사랑이다.

원래 불교에서 말하는 사랑은 산스크리트어 tṛṣaā(트리슈나)를 번역한 말인데, 욕망의 충족을 인정하는 '갈애渴愛'를 뜻하는 단어이다. 이와 같은 범부의 사랑이야말로 깨달음으로 향하는 장애이며, 『원각경圓覺經』에서 말하는 "윤회는 사랑을 바탕으로 이루어진다"고 할 때의 바로 그런 사랑이다. 윤회에서 벗어나기 위하여, 바꾸어 말하자면 해탈을 위하여 장애가 될 만한 사랑, 석존 자신이 이러한 범부의 사랑을 버림으로써 보다 크고 깊은 사랑에 접근하려고 했는지도 모른다.

굶주린 짐승 앞에 기꺼이 자기 몸을 던졌다는 그런 사랑, 결코 자기의 욕망 충족을 위함이 아니라 살아 있는 모든 것에 넓고 동등하게 주입되는 절대평등, 무차별의 사랑, "부처님의 자비"로 이름 지어진 이런 사랑이야말로 석존께서 구하셨던 사랑인 것이다.

신심 信心

"신심도 여유가 있어야 한다"는 속담이 있다. 이 말은 생활에 여유가 있고나서야 신앙심도 생긴다는 의미이다. 경제 상황이 악화되고 생활고가 심각해지면 사람들은 희망을 종교에 의탁하려고 한다. 그래서 요즘은 초월적인 것에 대한 신뢰의 심정을 일반적으로 신앙이라고 알고 있다.

그러나 "믿음은 불도의 근본이고, 모든 공덕의 어머니이다"(『화엄경』)라든가, "불법의 큰 바다에는 믿음으로써 능히 들어갈 수 있다"(『大智度論』)라고 할 때의 믿음의 대상은 부처님이 설법하신 교법이다. 살아 있는 모든 것을 반드시 불국佛國에 들게 하고 싶다고 호소하면서, 만약 환생하지 않으면 부처가 되지 않겠다고 맹세한 교설인 것이다.

부처의 힘을 믿고 그 가호를 비는 것을 신앙이라고 하는데,

정토진종淨土眞宗에서 "신심은 즉 본원력을 향한 신심"이라고 말하는 것처럼 아미타불에게서 받은 신심이 곧 신앙이라고 했다.

부처의 본원本願을 믿는다는 것은 부처의 원심願心에 의해 눈을 뜨게 된 큰 각성이다.

부처의 본원은 대비大悲의 지혜이므로, 본원으로 열린 신심 역시 지혜이다. 부처의 지혜로 열린 신심은 저절로 지혜의 작용을 갖는다.

진실한 믿음은 부처의 본원에 의해 눈을 뜬 각성이므로, 단순히 부처를 숭배하고 그 위덕에 의지하려는 신앙과는 본질적으로 다르다. 신심은 자기 자신과 부처를 향한 명확한 신지信智를 자각하는 내용이 담겨 있는 깊은 각성이며, 부처의 지혜를 살리는 각성이다.

신통 神通

'신통'이라 함은 글자 그대로 신과 통할 수 있을 만큼의 초인 적 능력을 말한다. 그렇기 때문에 누군가가 자신이 할 수 없는 일을 해내는 것을 보면 신통하다고 하는 것이다. 이 말은 불교 에서나 일반인에서나 똑같은 뜻으로 사용되고 있다.

산스크리트어로 '신통'은 'abhijṇa'에 해당한다. 선정을 통 한 수행으로 얻는 작용이며, 걸림 없이 자유자재로 초인적인 불 가사의한 작용을 하는 것을 일컫는 용어이다.

"부처님께서 말씀하시길, 나는 신통력을 얻은 까닭에 허공에 서 가고 머물고 앉고 눕고 숨고 나타나기를 내뜻대로 한다"

『화엄경』

신통력은 태어나면서 지니게 되는 것과 수행을 통해 얻는 것이 있다고 하는데, 일반적으로 오신통五神通에 누진통漏盡通을 합하여 육신통六神通으로 분류한다.

첫　째, 신족통神足通은 생각하는 곳에 마음대로 가며 마음대로 상相을 바꿀 수 있는 능력
둘　째, 천안통天眼通은 세간의 모든 것을 두루 볼 수 있는 능력
셋　째, 천이통天耳通은 세간의 모든 소리를 들을 수 있는 능력
넷　째, 타심통他心通은 타인의 마음속 의식을 두루 알 수 있는 능력
다섯째, 숙명통宿命通은 과거세의 생존상태를 두루 아는 능력
여섯째, 누진통漏盡通은 번뇌를 끊어 두 번 다시 미혹의 세계에 빠지지 않음을 깨닫는 능력

이 가운데 천안통·숙명통·누진통은 부처님과 아라한이 지니는 삼신통이라 하여 삼명三明이라고도 한다. 『구사론』 권27에는 이 여섯 가지 신통이 모두 지혜慧를 본질로 하며, 특히 오신통은 선을 닦아 다다른 경지여서 범부들도 이룰 수 있다고 한다. 그러나 누진통만큼은 성자가 아니면 이룰 수 없는 경지의 능력이다.

"불법승의 보배는 무량한 신통 변화를 갖추어 중생들을 이롭게 하며 잠시도 휴식함이 없나니 이런 뜻으로 하여 온갖 불법승을 보배라고 하느니라" 『심지관경心地觀經』

심경 心境

   텔레비전의 인터뷰 프로그램에서 "지금의 심경은?"이라고 묻는 장면을 자주 보게 된다. 이런 경우는 그 사람의 마음 상태가 어떤지를 묻는 의미일 것이다. 원래 심경은 마음의 경계인데, 마음은 인식 주체로서의 정신 및 그 작용내심을 말하는 것이며, 경계는 마음에 의하여 지각된 대상·인식대상의 외경을 말한다. 그러나 이 양자는 각각 그 성립부터 분리할 수 없는 것으로서, 양자를 포함하여 그 사람이 보고 있는 세계를 심경 또는 경지라고 한다. 마음이 기쁠 때는 세상도 장밋빛을 띠고, 슬플 때는 모든 것이 우울한 빛에 물드는 것과 같은 것이다.

   『능가경楞伽經』권2에 "마음에 따라 경지가 보인다"라는 말이 있다. 천지만물의 모든 경지는 마음에 따라 나타나고 변한다는 뜻이다. 『화엄경』은 '마음'을 "세간 만물을 그리는 화가"라고 비유하였다. '마음'이란 모든 정신현상이다. '집결'은 '마음'이요, '생각'은 '뜻'이다. '분별'하는 것은 '의식'이다. '경境'이란 만물의 물질현상, 즉 '6첨환영六瞻幻影'으로 이는 색, 소리, 향, 맛, 감촉, 법을 말한다. 마음인 심心과 물질현상인 '경'은 고립하여 존재하는 것이 아니다. 이 양자는 동시에 함께 존재하는 것이다. "마음을 살펴볼 줄" 아는 사람은 "마음과 경지가 함께 있는 사람"이다.

당나라 희운希運의 『전심법요傳心法要』에는 "평범한 사람은 경지를 취하지만 도인은 마음을 취한다. 마음과 경지를 다 잊는 사람이야말로 심법을 아는 사람이다"라는 말이 있다. 후에 '심경'이란 단어는 심정이나 뜻, 생각 등의 의미를 지칭하였다. 당나라 장설張說의 시 『청원강협산사淸遠江峽山寺』에 이런 구절이 있다. "적막하고 조용함이 무엇이 귀하단 말인가, 마음과 경지가 같은 것을 바랄 뿐이다". 『홍루몽』 제33회에는 이런 내용이 있다. "기관은 임기응변이 좋고 또한 일을 조심스레 하는 사람이다. 이것이 노인의 심경에 좋은 인상을 남겨 주었다". 여기서 말하는 이들 심경이란 곧 그의 마음과 심정을 두고 쓰인 단어들이다.

심지 心地

"저 친구는 심지가 굳어, 참 믿을만한 친구지"하며 침이 마르게 칭찬하는 사람을 보면 과연 우직하며 일도 잘하고 선량하고 마음씨가 고운 사람임에 틀림없다. 이처럼 '심지'라는 말은 사람을 평가할 때 더 없이 좋은 말이다. 이렇게 심지라는 말이 쓰여 지는 게 보통이지만 그 사용함에 따라서 의미가 여러 가지로 나뉠 수 있다.

예를 들면, 첫째, 사람의 마음 됨됨이나 마음 씀씀이를 뜻하는 것으로 "마음이 선량하다", "마음이 순진하다"라는 것들이 있고, 둘째, 마음의 너비나 깊이가 있다는 의미로서 "흉금이 넓다"라는 말이 그것이다.

이러한 '심지'라는 말은 유명한 시에서도 자주 쓰였다. 남조 시기 양나라 간 문제簡文帝가 쓴 『상대법송표上大法頌表』에는 "하늘에서 비가 고루 내려 심지를 적시었다"라는 구절이 있다. 이것이 모토가 되어 중국에서는 '심지'라는 말이 유행되어 여러 시문에 나타나게 되었다. 그 대표적인 것으로 당나라 시인인 백거이(백락천)가 지은 『광음』이라는 시에는 "성품이 맑고 깨끗하여 파도를 누르고, 심지를 깨끗이 씻어 주니 먼지 하나 없도다"라는 구절이 그것이다.

이러한 심지라는 말은 불교에서는 직접적으로 '심지'라는 말을 쓰지는 않았지만, 심지라는 말이 후에 유학자들이 만들어 사용할 수 있는 근거를 말해두었다. 즉 불교에서는 대지를 마음으로 비유하여 그 마음이 대지처럼 광대하기에 세간을 생성하고 세간과 선악법을 창출한다고 했다. 『대승본생심지관경大乘本生心地觀經』 권8에 "3계중에서는 마음을 주종으로 한다, 마음을 읽을 수 있는 사람은 종국엔 해탈할 수 있고, 마음을 읽어내지 못하는 사람은 끝끝내 해탈하지 못한다, 중생의 마음이란 대지와 같으며 오곡과 오과는 대지에서 자라나는 것이다. 마음이 있어 세상에 태어나고 혹은 이 세상을 버리며 선악과 다섯 가지 취미가 있으며, 학문이 있을 수도 있으며, 없을 수도 있으니, 이를 홀로 감지하는 자 그가 바로 보살이며, 나아가서는 그가 여래불인 것이다. 이런 연고로 3계에는 오로지 마음이 첫째이므로, 그래서 마음을 땅심지라고 하는 것이다".

또 『대일경소大日經疏』 권3에는 "사람들이 발을 움직여서 걸을 때 땅에 의지하여야 한다. 보살도 이와 마찬가지로 마음에 의지하여 수행하는 것이다. 그래서 마음을 땅심지이라 하였다".

즉 마음에는 세 가지 뜻이 있으니, 첫째는 마음이란 바로 만법의 기본이며, 이에 기초하여 각 가지 제법諸法을 만들어 낼 수 있고, 둘째는, 수행하는 사람은 마음에 의지하여 수행하며, 셋째는, 체구와 입과 생각 세 가지 업 중에서 마음이 기본이라는 것이다. 이러한 불교의 가르침을 훗날 유학자들은 마음에서 우러나 수양을 쌓는 것을 심지心地라고 해석했다.

그 대표적인 것이 주자가 쓴 『주자어류집약朱子語類集略』「지수持守」편에 있는 "자고로 성현들은 모두가 다 '심지'를 기본으로 하였다"는 것이 그것이다.

안심 安心

일본인들을 욕하는 것은 아니지만, 일본인들은 자국을 벗어나면 아주 촌사람이 된다. 그만큼 미지의 세계에 대해서는 미더워 하지 않는다는 것이다. 언제나 자국만이 세상에서 최고이고 자국이 만든 제품만이 가장 좋다는 의식이 팽배해져 있다는 말이다. 물론 최근에 와서는 많이 달라지고는 있으나 여전히 나이든 양반들은 예전의 콤플렉스를 벗어나지 못하고 있는 것이 사실이다. 그것은 그동안 일본 사회가 그렇게 일본인들을 만들어 놓았기 때문인데, 이제 사상이 급변하게 되자 이러한 흐름을 쫓아가지 못하고 허둥대게 되는 것도 결국은 이러한 폐쇄된 사회적 환경과 교육 때문이라고 생각한다.

어쨌든 일본인들은 해외여행을 시작할 때부터 안내하는 가이드의 깃발만을 보고 아무소리 없이 졸졸 쫓아간다. 그리고는 호텔방에 들어서서 보따리를 풀어헤치고 가지고 온 녹차로 찻물을 내리고 그리고 '우메보시'라고 하는 매실 말린 것을 입에 넣으며 찻물을 마시고서야 "휴! 안심이다"라며 한숨을 내쉰다. 바로 "이제 살았다. 길을 잃지 않고 잘 왔다"라는 의미이다. 어쩌면 '안심'이라는 말은 일본인들을 위해 탄생한 말인지도 모른다.

우리나라는 몽고가 침입해 와 여자들을 오랑캐 땅으로 끌고 가니 아침마다 일어나면 "안녕하신가요?"하고 인사를 했다고 하는데, 어찌 보면 안심이라는 말과 비슷하게 들리지만 그가 의미하는 바는 사뭇 다른 것이다

결국은 이 말도 불교에서 나온 것임을 그 의미만으로도 짐작할 수 있을 것이다. 불교에서의 안심은 "부처님의 가르침에 의해 마음의 평안을 얻어 흔들리지 않는 믿음을 갖게 된 경지"를 의미한다. 즉

"만약 수행자가 있어 남을 위하여 설법을 하면서 듣는 이로 하여금 진리를 얻고 도리를 얻고 이익을 얻고 '안심'을 얻게 한다면 이렇게 설함을 '자비의 설법'이라고 해야 할 것이다"

『장아함경長阿含經』

과 같은 것이다. 불경에서는 수행을 통해 마음이 움직이지 않는 경지에 이르게 하는 것 혹은 이를 통해 얻어진 경지를 안심이라고 한다. 정토교에서는 왕생에 필요로 하는 요소로써 안심을 꼽는다. 아미타 부처님의 본원을 의심없이 신행하면 극락에 왕생할 수 있다고 확고하게 믿는 마음이 바로 안심인 것이다. 즉 믿음과 수행을 통해 마음이 안정됨을 이르는 말이다. 대표적인 용어로 '안심입명安心立命'이라는 말이 있는데, 근본을 행한 다음에 나의 몸을 천명天命에 맡기고 마음을 안주한다는 의미이다.

『마하지관』 권5에는 안심에 대해서 다음과 같이 설명하고 있다.

"선교안심善巧安心이라 함은 지관止觀으로써 법성에 잘 배합되어 편안해 지는 것이다"

마음이 편안히 정해짐을 '안심결정安心決定'이라 하고, 그 실천방법을 안심기행작업安心起行作業이라고 했듯이, 길을 잃어버릴까봐 노심초사하며 호텔방에 들어와서야 "이제 안심이다"라는 안심보다는 부처님께 귀의하여 편안해 지는 마음의 '안심'을 우리는 늘 서원해야 할 것이다.

육안 肉眼

　무심코 사용하는 말 중에 육안이라는 말이 있다. '육안'은 형태가 있는 것을 보고 파악하는 눈의 작용이며, 본다는 의미가 포함되어 있다. 육안으로 보이지 않는 미세한 것을 현미경으로 확대하거나, 육안으로 볼 수 없는 먼 곳의 물체를 망원경으로 보기도 한다. 이처럼 육안은 "보는 세계"의 언어로서 사용되고 있다.

　그러나 육안은 본래 불교 경전에 전거가 있으며, 이는 5안五眼의 하나로 꼽히고 있다. 5안이란 육안을 비롯하여 천안天眼, 그 다음의 혜안慧眼, 그 다음의 법안法眼, 마지막으로 내면적 세계를 향하여 열린 부처의 눈을 가진 것을 불안佛眼이라고 한다. 그러나 5안 각각에 대하여 우열을 나누지는 않는다.

　우리는 겉모습보다 내면을, 그리고 진실을 보는 것이 중요하다는 것은 이론상으로는 잘 알고 있다. 그러나 겉모습에 현혹되면서 살고 있는 것이 정직한 대답일 것이다. 그럼에도 불구하고 우리의 상용어로서 육안만이 사용되고 있다는 것은 매우 아이러니칼하다고 하지 않을 수 없다. 또 우리 인간은 고도의 과학기술에 의하여 마이크로의 세계와 아득한 우주를 "보는 것"이 가능해졌지만, 이것은 육안 다음에 오는 천인天人의 천안을 가졌다는 것을 의미하는 것은 아니다. 그만큼 아무리 과학이 발전한다 하더라도 우리의 내면에 있는 육안만큼 내세까지 바라볼 수 있는 과학기구는 발명될 수 없다는 것이다. 그러니 돈 좀 있다고 최신 과학기술을 이용한 온갖 도구를 자랑삼아 남에게 보이거나 그것으로 잘난 체 하는 자야말로 자신의 육안이 썩고 있음을 모르는 것이고, 장차 정토세계에 갈 수 없는 초라한 자신의 미래를 또한 모르는 자이니 어찌 불쌍하다 하지 않겠는가?

외 도 外道

2,600년쯤 전에, 지금의 네팔 령 룸비니 동산에서 여의주처럼 빛나는 사내아이가 태어났다. 석가모니의 탄생이다. 태어나신 석가모니께서는 북쪽으로 일곱 걸음을 걸은 뒤에 "천상천하 유아독존"이라고 엄숙하게 사자후를 토했다고 전해진다.

물론 실제로 그랬을 리는 없을 것이다. 자아를 중심으로 사물을 생각하는, 예를 들어서 우월감과 열등감 사이에 잠겨 있는 우리의 미망의 인생을 육도윤회六道輪廻라고 하는데, 일곱 걸음을 걸어서 이것을 초월했다고, 불타의 탄생을 불제자들이 전한 데서 이 말이 나타났을 것이다. 그러나 이 말이 나타나게 된 데에는 깊은 뜻이 있으니 당시 인도 사회를 보면 잘 알 수 있다. 즉 부처님의 가르침에 따라서 무엇과도 비교할 필요가 없는 유일하고 존귀한 생명에 눈을 뜬 불제자들의 환희의 심정이 들어 있는 것이다. 카스트제도를 초월하여, 자유와 평등의 삶을 살아 갈 수 있게 된 불제자들의 부처님에 대한 깊은 존경과 감사의 마음이 이 불전佛傳을 탄생시키게 된 것이다.

석가모니께서는 "스스로를 등불로 삼으라, 법을 등불로 삼으라"는 유언을 남겼다고 전해진다. 요약하면 스스로 존귀한 생명이라 할지라도 자아에 의존하는 고립이 아니라, 법에 의존하는 존귀한 생명을 살아가는 자가 되라는 가르침이었다.

탄생과 유언으로 알려진 부처님의 80년의 생애는 진리를 설법하는 가르침에 의거하여 주체를 찾고 자각적으로 독존자가 되는 내관內觀의 길, 그것을 세계 인류에게 바친 생애였다.

외도라면 지금은 정도에서 벗어난 자를 꾸짖을 때 자주 사용하는 말이다. 요즘 세상에서는 이미 그 말의 의미가 별 가치 없게 느껴질 정도로 이상하게 변질된 사회가 되었지만 이 말이 의미하는 바는 참으로 중요하다.

즉 불교에서는 자각적으로 주체를 찾고 진리에 선 불타의 내관도內觀道에 대하여, 불교 이외의 가르침과 불교 이외의 종교를 신봉하는 자를 총칭하여 외도라고 한다. 그런데도 요즈음은 부처님의 자비를 입은 내관도 본래의 의미는 떨어져 나가고, 정도에서 벗어난다는 의미만이 전용되어 사용되기에 이르렀다.

물질적 풍요로움의 혜택을 받는 현대인의 정신생활은 이와는 반비례하여 가장 중요한 것을 상실한 것처럼 생각된다. 인생관이라는 것은 이름뿐이고 욕망 추구 외에는 아무 것도 없다. 풍요함 속에서 공허한 얼굴을 하고 있는 자신을 문제 삼으려고 하지도 않는다.

외도라는 말에서 주체를 찾는 내관 본래의 의미가 탈락된 것도 현대인의 빈곤한 정신생활을 생각하면 당연한 일이다. 어떤 인간으로서 살아가는지 명확하지 않은 인생은 꿈과 같다. 옷깃을 단정하게 여미고 자기가 누구인지를 부처님께 물어야 하지 않을까?

의 식 意識

철학적으로 의식은 '인간의 모든 심리적 활동'을 포괄하는 개념으로 사용되고 있으며, 서양 철학사에서는 유물론과 관념론은 '의식의 본성' 문제를 가지고 변화 발전해 왔다.

그러나 불교에서는 이를 현상계의 사물을 인식하는 작용이라는 뜻으로 사용하고 있다. 산스크리트어인 'mano-vijñāna'를 번역한 말로 안眼 · 이耳 · 비鼻 · 설舌 · 신身 · 의意의 6식 가운데 하나가 바로 '의식'이다. '의식'을 제6식이라고도 하는데, 분별과 판단, 그리고 인식의 중추로서 후에 유식 사상이 체계화되면서 그 밑에 7식인 말나식, 제8식인 아뢰야식의 정신으로 더욱 깊어져 갔다.

"소견이 잘못된 까닭에 다섯 가지 견해를 바로잡지 못하고……. 무명에서 나오는 여러 번뇌를 늘 마음에 지녀 의식을 결박하고 있으므로, 삼계를 옮겨 다니게 마련이니 포악한 행위가 오가는 것이다"

라는 가르침을 우리는 언제나 되새겨야 할 것이다.

재수하는 자식이 공부는 안 하고 매일 친구들과 싸돌아다니는 자식을 보면 어떤 부모라도 "너, 의식이 있는 놈이야, 뭐야!" 하며 소리를 높일 것이다. 이 말은 욕같이 보이지만 상당히 수준 높은 고급스런 말이다. 다시 말해서 "세상 돌아가는 것을 아는 것이냐?" 하는 말과 같은 것이다. 그렇게 자기 앞가림도 못하는 자식에게 세상 물정 아느니 모르느니 하는 것은 자식을 그만큼 존중해 준다고나 할까 하는 의미이다. 문제는 그런 수준 높은 부모의 마음을 자식들은 모른다는 점이다. 그렇기 때문에 잔소리나 나무라는 소리만 하지 말고 자식에게 모범을 보이는 부모가 되어 부모의 의식을 헤아릴 수 있는 그런 집안 환경을 만드는 것이 바로 자식이 제대로 공부를 하게 하는 방법임을 부모들은 깨달아야 할 것이다. 그것이 바로 의식 있는 부모의 행동인 것이다.

의지 意志

'의지'라는 말은 일반적으로 자신이 생각하는 것을 관철시키려는 마음의 의미로써 사용되고 있다. 일상생활에서 "남자의 의지"라든가 "챔피언의 의지를 걸고……" 등의 사용법이 있는데, 대개는 "고집을 부리다" "뜻을 관철하다" "오기가 나다" 또는 "심술궂다" 등 '고집'과 동의어로서 별로 좋지 않은 의미로 사용되고 있다.

불교에서 사용하는 '의지'는 인간의 5관五官에 의한 인식(안식眼識, 이식耳識, 비식鼻識, 설식舌識, 신식身識) 다음에 오는 여섯 번째 의식[心]을 내면화 시킨 것을 말한다. 그것은 모든 것을 성립시키는 근원이 되는 대지와 같은 것으로, 인간의 마음이 마치 대지처럼 모든 것을 창조하고, 또한 거두어들이는 무한의 가능성을 가지고 있다는 말이다.

그러나 사람은 아무래도 인간관계에 있어서 자기중심적으로 생각하기 마련이라 일상어에서 말하는 이른바 '의지'라는 감정을 낳고, 생각대로 되지 않을 때 피해의식이 작용하여 원망이 발생하고, 거기서 분쟁이 생겨나게 되는 것이다.

마음먹은 대로 되지 않는다는 것은 인간의 역사가 시작된 이래 크나큰 문제였을 것이다. 부처님께서도 물론 이 문제를 진지하게 고민하셨고, 인생이 뜻대로 되지 않는 것, 즉 괴로움苦이 생기는 원리를 그 속에서 발견하셨던 것이다.

부처님께서는 마음에 관하여 다음과 같이 설법하셨다.

"저 멀리 홀로 유랑하며, 형체도 없고, 동굴에서 은둔하는 이 마음을 제어하는 사람은 마왕의 속박에서 벗어난다".

불교는 참으로 이 마음을 제어하는 길을 가르치는 것이다. 인간의 마음을 분석하면, 누구에게나 있는 끊임없이 자기를 사랑해 마지않는 영역의 심층의식에서부터 뜻대로 되지 않는 마음의지이 생기고, 그것 때문에 인생의 다양한 트러블이 발생한다. 그와 같은 분쟁을 초래하는 자신의 마음을 조정하는 방법을 추구해 가는 것이 불도佛道이다. 그 마음을 제어하는 것도 다름 아닌 대지와 같은 마음이다.

오늘날 이른바 의지 때문에 각양각색의 분쟁이 일어나고 있는데, 사실은 의지라는 말 자체 속에 스스로의 마음을 제어할 수 있는 분쟁 해결의 열쇠가 숨겨져 있음을 우리는 알아야 할 것이다.

인도 引導

인도라는 말을 한자 그대로 풀이하면 '안내' 한다는 의미이다. 그러나 우리 생활에 많이 정착되어 있는 이 말은 거의 불교에서 말하는 내용 그대로를 담고 있다고 할 수 있다. 가령 어린 학생들을 이끌고 거리를 횡단한다든가 자신의 미래에 대한 희망을 저버린 사람들을 희망이 보이는 곳으로 이끈다든가 하는 말에서도 알 수 있다.

불교에서는 인간을 가르쳐 이끌어서 깨달음의 길로 이끄는 것을 의미한다. 『법화경』 「법사품」에 보면 "아무런 생각도 없이 살아가고 있는 중생들을 이끌어서 이들을 한 곳으로 모이게 하여 법法을 듣게 하는 것" 이라는 뜻으로 쓰여 져 있다. 이러한 뜻에서 시작된 이 말은 장례에 있어서 죽은 자가 방황하지 못하도록 승려가 법어를 설하는 것을 인도라고도 한다. 이러한 죽은 자에 대한 인도는 중국 당나라 선승인 황벽희운黃檗希運이 돌아 가신 모친을 위해 법어를 설하면서 시작되었다고 하고 있다.

『증일아함경增一阿含經』「대애도반열반품大愛道般涅槃品」에는 황벽선사와 같이 석존이 대애도大愛道 비구니를 위해서 법어를 설했다고 하는 것이 기록되어 있다.

대애도라고 하는 말은 석존이 양모養母인 마하프라자 파티를 가리키는 말이다. 석존을 탄생케 한 친모 마야 부인은 석존을 낳은 다음 7일 만에 돌아가셨다. 그러자 누이동생 마하푸라자 파티가 정비正妃가 되어 석존을 양육하게 되었다.

후에 석존이 개달음을 얻고 고향에 돌아갔을 때 그녀는 "여성의 출가를 허락받고 싶다"고 청원했다. 그러나 여성이 출가하는 것을 허락받기는 매우 어려웠다. 이를 옆에서 본 장로 아난다가 여성이 출가를 인정해 주어 그녀는 여성 출가자 제1호가 되었다. 그녀는 올바른 수행을 통해 비구니의 모범이 되었다.

『증일아함경』의 기술에 의하면 그녀는 석존의 적멸을 보는 것을 차마 볼 수가 없어 석존에 앞서 먼저 입멸할 수 있기를 허락해 다라고 청원하였다. 석존이 이를 허락하였기 때문에 그녀는 석존보다 3개월 빨리 입멸했다. 이때 석존은 그녀의 다비茶毘식에 참가하여 "일체 행은 무상이고, 태어나면 반드시 다해지는 것이며, 살아 있지 않다는 것은 바로 죽는 것이다. 이러한 멸滅

이 바로 가장 즐거운 일이다"라고 하는 시를 읊었다고 한다.

사람들은 거의가 살기 위해서 산다는 일에 매우 치열하다. 생에 대한 집착은 누구나가 집요하기 그지없다. 생에 대한 욕망은 식욕과 같은 것이라고 할 정도다. 언제나 좋아하는 음식이 나오면 그다지 식욕이 당기지를 않을 것이다. 그러나 야밤에 배가 고파 올 때면 반드시 냉장고문을 열어 먹을 것을 찾는 것이 인간이다. 그런데 그 때 먹을 것이 없다면 공복감은 배로 늘어날 것이다.

살고자 하는 욕심도 마찬가지이다. 병이 안 들면 건강하다는 것을 감사해 하지 않지만 그러나 만약에 "당신이 목숨은 이제 일주일 정도 남았소"라고 한다면 아마도 누구나가 평정심을 잃게 될 것이다.

대부분의 사람들은 자신의 생각을 이 세상에 남겨두고 죽음을 맞이한다. 그만큼 이 세상에 대한 강한 집착을 갖고 있음을 대변하는 말일 것이다. 이러한 세상에 대한 욕심을 끊도록 그 죽은 자의 영혼을 진정시키기 위해 주술적인 효력을 발휘케 하는 목적으로서의 역할을 하게 하는 것이 바로 '인도'라는 것이다.

그러나 죽은 자에게 과연 이러한 말들이 들리기야 하겠는가를 생각해 보면, 인간의 어리석음을 다시 한 번 생각해 보는 날이기도 할 것이다. 그렇기 때문에 살아 있는 동안 보다 올바르고 기쁨이 넘치는 그런 생활을 하는 것이야 말로 올바로 자신을 인도하는 일이라 할 것이다.

자아 自我

'자아'라는 말은 일반적으로 자기 자신 또는 사고, 감정, 행위 등 심리기능을 주관하는 인격의 중추적 기능을 의미한다. 예를 들면 "어린이가 자아에 눈을 뜨다"라는 말처럼, 인간의 성장에 있어서 필요불가결한 것으로 되어 있다.

이와 같이 소위 서구식 인간관계의 제반 과학에서는 자아의 확립이라는 견해가 학문과 실무상에서 매우 큰 비중을 차지한다. '자아'가 의식의 중심임에 비하여, '자기'는 의식과 무의식을 포함한 마음의 전체성이라고 하는 견해가 있다. 이와 같은 자기를 경험하는 과정을 "자기실현의 과정"이라고 하는 융 심리학의 입장에서 최근에 '자아'라는 말이 자주 사용되기에 이르렀다.

불교 이전의 인도 사상에서도 자아(아我=산스크리트어로

ātman=아트만)는 인간의 중심이 되며, 가장 기본적인 상주常住라고 생각했다. 그리하여 예부터 이와 같은 자아의식이 역설되었고, "우주적 원리는 즉 자아이다梵我一如"라는 신비적 체험을 최고의 경지로 하는 사조가 주류를 차지하고 있었다.

그러자 석존께서는 이를 비판하고 자아에는 실체가 없다는 무아無我 사상을 확립했다. 불교에 따르면, 우리가 심신의 통일체로 파악하고 있는 '자기'는 여러 가지 요소의 복합체에 불과한 것이라고 한다. 즉 그 복합체를 고정적인 것으로 간주하는 추상적인 개념을 부정했던 것이다. 자기뿐만 아니라 인생, 사회, 우주는 모두 고정성이 없는 무아이기 때문에 그것은 실체가 없으며, 언제라도 형태가 변할 수 있는 것이다. 인간의 마음에도 자유의사가 존재하고, 이 자유의사에 따라 수양과 노력에 의한 인간 향상의 가능성도 인정할 수 있는 것이 된다.

그러면, 복합체인 자아를 성립시키는 것은 무엇일까? 석존께서는, 자아는 실재하는 것이 아니라 인연조건에 따라서 존재하는 것이며, 그와 같은 관계성을 바탕으로 모든 것이 성립한다고 설법하셨다. 따라서 우리는 일상의 인간관계에 있어서도 자아만을 중요시 할 것이 아니라, 자기나 타인은 물론 환경이나 사회 역시 인연에 따라 성립한다는 동양적인 착상에 발판을 두는 것도 필요하다고 생각된다.

자유 自由

흔히 미국에 가면 자유가 많다고 한다. 그러나 실제로 가 보면 그것은 법이 허용하는 범위 내에서의 자유지 항상 누군가에게 지배를 당할 것 같은 그런 두려움을 안고 지내야 하는 것이 미국식 자유이다. 법 테두리 안에서야 옷을 벗고 다니던 큰 소리로 떠들어 대던, 오토바이를 아무 곳에서나 크게 소리를 내며 가던 그야말로 아비규환 같은 자유를 미국인들은 마음껏 누린다. 그러나 그들에게는 예의라는 것이 없다. 그러다 보니 모두가 동물적 의식 수준에 가깝다. 남들이 보는 데서 남녀간의 애정표현은 그야말로 동물적이 아닐 수 없다. 그것을 따라하는 것이 요즘 우리의 젊은이들인데, 이제 미국과 일본이 지배하던 시대가 바뀌고 있다는 점을 상기한다면 그러한 철부지 없는 일들은 이제 그만 두는 것이 좋다고 본다. 그것은 자유가 아니라 방종이기 때문이다. 그러면 진정한 자유란 무엇일까?

"온갖 부처님들께서는 끝없고 막힘없는 코가 있으셔서 자유
의 피안에 이른다"고 『화엄경』에서는 말하고 있다. 즉 무엇에
의지하지 않고 그 자체로서 존재하는 것, 다시 말해서 독립자존
의 상태가 바로 자유인 것이다. 자유에 해당하는 산스크리트어
는 'avayam svayam-bhuvah'이다. 이 말의 뜻을 살펴보면
'자유', '자재自在', '무애無碍'라는 의미가 있다. 즉 이 말의 뜻
은 자유롭지 않음이 없고 장애될 것이 없다는 의미이다. 이러한
자유를 좀 더 쉽게 풀이해서 말한 사람이 바로 육조 혜능 대사
이다. 그는

> "선지식이여, 마음이 넓고 커서 범 세계에 두루 돌아가니 그
> 작용이 아주 분명한데, 그 쓰임새에 바로 일체를 알아서 일체가
> 하나요, 하나가 곧 일체여서 가고 옴이 자유롭고 마음 바탕에 막
> 힘이 없는 것이 곧 지혜니라.   『육조단경』

라고 했다. 또 자유라는 말은 선종에서 자주 사용하고 있는데,
만해 한용운의 '조선독립에 대한 감상'의 글은 다음과 같다.

> "자유는 만유의 생명이요. 평화는 인생의 행복이라. 고로 자유

가 없는 사람은 죽은 시체와 같고, 평화가 없는 사람은 가장 고통
스러운 자라. 압박을 받는 자의 주위 공기는 묘지로 화하고 쟁탈
을 일삼는 자의 주위는 지옥이니 우주의 이상적인 최대의 행복의
실재는 자유와 평화라"

  이처럼 어느 곳을 가도 막힘이 없고 장애가 없으며, 항상 평
화스러운 가운데 남에게 압박을 받지 않고 생활하는 상태 바로
이것이 자유라는 것이다. 인간은 누구나 실수를 하는 법이다.
그런데 미국 같은 사회에서는 실수라는 것이 용납되지 않는다.
법에 어긋나면 그것은 크나큰 죄인이 되는 것이다. 이러한 강박
한 사회가 어찌 자유로운 사회라 하는지 필자는 도무지 이해가
안 간다. 벌거벗고 살던, 남이 좋아하지 않는 짓도 법 안에서는
아무런 거리낌 없이 행동하는 서구인들의 의식을 우리는 지금
껏 자유라고 오해를 하고 살아왔으니 이제부터라도 동양의 미
덕을 되찾는 활동을 통해 동양적인 자유, 불교에서 말하는 자유
를 찾아서 진정한 인생의 행복을 만끽하는 그런 자유를 추구해
가야 할 것이다.

지혜 智慧

'지혜 다툼', '지혜로운 사람', '지혜 주머니' 등 '지혜'에 관한 갖가지 용례가 있지만, '지혜'라는 말의 의미는 그렇게 명확하지 않다. 학교 교육 문제로 최근에 "지식의 주입만으로는 안 된다. 살아 있는 지혜를 가르치는 것이 중요하다"는 말이 나오는 것처럼, 지혜는 단순히 지식이라고 할 수도 없고, 또한 머리 회전이 빠른 현명함이라고 할 수도 없다.

따라서 '지혜'는 과학적 지식처럼 구체적인 것도 아니며, 공리적 목적에 필요한 현명함처럼 현실적인 것도 아니다. 그 사람의 인격에서 나오는 언어와 발상이 인생의 지침이 될 만한 작용을 한다면, 그와 같은 것을 지혜라고 할 수 있다.

이러한 '지혜'라는 말의 출처인 불교에서는 그러면 어떠한 의미로 쓰여지고 있을까? 지금은 '지혜智惠'라고 쓰는 것이 일반적이지만, 불교에서는 '지혜智慧'라고 쓴다. 원어는 프라쥬냐 (prajñā, 반야般若라고 음역한다)이며, 진실을 꿰뚫어보는 지혜를 말한다. 특히 대승불교에서는 반야바라밀다를 의미하고 있다. 반야바라밀다라는 것은 "지혜의 지고성至高性·완성된 지혜"라는 의미이다.

그런데 반야와 지혜란 무엇인가? 그것은 바로 불교의 기본 사상에 따라 모든 존재의 본질을 통찰하는 작용이다. 다른 종교에서 설명하고 있지 않은 불교의 기본 사상은 "일체의 존재는 인연에 따라 일어나는 것緣起이며 서로 관계하면서 존재하는 것이므로, 관계성을 제외하고 독자적으로 존재할 수 없다無我"는 것이다.

우리는 자기 자신이 '나'라는 확실한 존재라고 굳게 믿고 있지만, 확실한 '나' 따위는 없으며, 모든 존재는 독자적으로 존재할 수 없다. "일체는 공空이다"라고 통찰하는 것이 지혜이다. 이처럼 불교에서 지혜의 의미는 명확하다.

세계의 다양한 종교 중에서 불교를 지혜의 종교라고 하는데, 불교는 도리를 중히 여기는 종교이며, 더불어서 모든 일에 대해서 슬기롭게 이론을 통해 그 잘잘못을 깨우쳐 주고 올바른 길로 나아가도록 가르쳐 주기 때문에 그렇게 불리 우는 것이다. 좌우간에 이처럼 지혜를 기본으로 하는 불교이기에 지혜라는 말 자

체가 불교를 대신하는 말이라고 볼 수 있을 정도로 이 말은 대
단히 중요한 용어이다.

집착 執着

일면적이고 고립적으로 이해하며 그 사물을 고집하는 망상을 '집착執着'이라 한다. 따라서 집착이라는 말은 그리 좋은 이미지를 가진 말로 쓰여 지고 있지 않다. 예를 들면 어떤 여배우를 좋아하여 파파라치처럼 달라붙어 다녀서 그녀의 개인 생활에 지장을 준다거나, 돈에 너무 집착한 나머지 도둑질을 하기에 이르거나, 도박에 너무 집착하여 집안을 거덜낸다거나 하는 것들은 아주 나쁜 일이다.

이 말 또한 불교에서 나온 말인데 그 사용하는 의미는 일반적으로 사용하고 있는 그런 의미와 별반 다르지 않다. 『대반야경大般若經』 권71에 보면 "일체 법상을 알지만 그것에 집착해서는 안 된다"고 했고, 또 『보리수심론菩提心論』에는 "몸의 양생에 이롭고 생명을 연장하는 체구를 가지려는데 집착하기보다는 먼저 몸을 잘 거두어야 한다"는 내용이 있다.

이처럼 어떤 일, 특히 개인의 건강이나 출세, 혹은 금전 등에 너무 집착하는 것을 불경에서는 언제나 경계하였다. 결국 집착으로 인해 오히려 건강을 해치고, 인생을 파괴하며, 집안을 거덜 내는 경우가 다반사이기 때문이다.

중생에게는 허망한 '집착'이 적지가 않다. 이러한 집착은 '아집我執'과 '법집法執'으로 나눌 수가 있다. 간단하게 말하여 '아집'이란 언제나 변함이 없는 주체인 나我를 고집하게 됨으로서 이로부터 온갖 '아견我見'을 갖게 되는 것을 말한다. 이에 대해 '법집'은 외부로부터 얻어진 경지가 기어코 있다고 고집하는 것이다. 그리하여 허망하게 '법견'이 생성하게 되어 진정한 진리를 깨닫지 못하고 속물이 되어 스스로를 파괴시키게 되는 것이다.

요즘 세계에서는 '집착'을 고집이 세어 변통할 줄 모르는 것으로 생각하고 있다. 『수호전』 제22회에 나오는 이야기 속에 "저는 뇌횡이 너무 집착할까 걱정입니다. 그자는 다른 사람의 처지를 전혀 생각하지 않기 때문이지요. 아마도 형님께서 그자를 만나더라도 평안하게 하지 않을 겁니다"라는 대화가 있다. 즉 집착을 하게 되면 위아래도 모르고 높고 낮음도 모르니 조심하라는 이야기다.

오늘 날에 와서는 '집착'을 일관된 의지로 해석하여 좁게 평가하는 면도 있다. 즉 "그는 예술의 창의성이 중요하다는 견해에 집착하여, 항상 창의적인 활동을 하려는데 집착하고 있다"는 식의 표현이 그것이다. 그러나 이러한 창작 노력이 평가되어 예술가로서의 평판이 좋아진다면 좋겠지만 너무 지나치게 자신의 의견만을 내세워 창의성만 추구한다면 실패할 가능성도 많은 것이다. 예술이든, 인문학이든, 자연과학이든 수많은 시행착오를 통한 경험, 그리고 온갖 분야를 이해해 가는 데서 자기도 모르게 창조적 견해와 작품이 나오는 것인 만큼, 역시 한 곳에 대한 집착은 지양하는 편이 나을 것이다.

차별 差別

　현재 우리들은 '차별'이라는 말에 매우 심각하고 즉흥적으로 반응한다. 그만큼 오늘날에는 인권문제에 많은 관심을 가지고 있다고 볼 수 있다. 아니 그보다는 남에게 뒤 떨어 진다는 이기심의 발로가 더 큰 원인지도 모르겠다. 하여튼 차별은 이 시대에 어울리지 않는 단어임에 틀림없다. 우리에게는 특별히 이에 대한 역사적 일들이 많았기에 더욱 몸서리치게 들려지는 말이기도 하다. 일제시대의 조선인 차별, 현재도 이루어지고 있는 일본인의 재일동포 차별 등이 그것이다. 그러나 우리가 경험한 만큼 우리도 한국에 일하러 온 제3세계 사람들에게 그런 차별을 하고 있지는 않은지, 돈 많은 부자들이 일반 서민들을 그런 차별적인 눈으로 보고 있는 지는 않은지 우리 스스로 많은 반성을 할 필요가 있는 것도 바로 이런 차별에 대한 생각이다.

그러나 원래 차별이라는 말은 현상계에서 개개의 사상事象이 서로 독특한 특성을 지니고 있는 관계라는 뜻이다. 즉

"한 구름의 비, 그 종자에 각기 맞게 생장해 꽃이 피고 열매 여나니, 한 곳에서 났으며 한 비의 적시움을 받는다 해도 여러 초목이 각기 차별 있느니라."

라는 말처럼 상대방이나 제삼자를 경멸하는 눈초리로 보는 것이 아니라 누구에게나 다 독특한 면이 있음을 강조하는 말인 것이다.

이에 대해서 불교에서는 이 차별을 다시 한 차원 높게 말하고 있다. 즉 진리의 세계에 대한 현상의 세계를 차별계差別界 즉 현상계라고 하고, 또 다른 것과 구별이 되는 사물의 특성을 두드러지게 한다는 의미로 차별이 쓰이기도 하며, 달라진다는 의미를 지니기도 한다.

"자아가 있다고 생각하는 까닭에 고통·즐거움의 상태와 선과 악의 생각, 탐·진·치의 번뇌가 생겨 시간에 따라 차별되기 마련이다"

중생이 처음으로 발심해 궁극의 깨달음을 얻기까지 많은 단계에서 여러 불보살이 중생의 근기에 맞게 모습을 보이는 것을 차별연差別緣이라 한다. 차별의 반대어를 '평등'으로 볼 수 있으나, 대승불교에서는 차별과 평등을 서로 상반되는 개념으로 보지 않고 '차별 즉 평등'으로 보는 것이 특징임을 알아야 할 것이다. 그러므로 자신이 누군가를 차별한다는 것은 오히려 그와 평등하다는 것을 강조해 주는 것이니, 결국은 자기 얼굴에 침을 뱉는 것이나 같은 것이 아니고 무엇이겠는가?

청문 聽聞

청문회는 미국에서 발달한 행정제도이다. 부당한 정치적 영향에서 행정의 독자성을 유지해 실효를 거둘 뿐 아니라 주민의 참여를 통해 행정의 민주화를 기할 수 있는 제도다. 또한 사회의 각종 문제들을 신속하고 전문적인 청문회를 통해 합리적으로 해결할 수 있는 이점도 있다.

우리나라는 행정관련 법령에서 고지 · 청문 · 의견 청취 · 진술권을 규정하는 일이 늘고 있는 추세다. 외국의 다양한 청문회에 비해 우리나라에서는 아직 적은 편이다. 전직 대통령들에 대한 청문회, 5 · 18민주화 운동을 일으키게 한 장본인들에 대한 청문회, 장관 등 고위공무원 임용 전에 실시하는 청문회 등이 그 예이다.

국어사전을 보면 '돌아다니는 소문', '연설 · 설법을 들음' 등으로 그 의미를 정리하고 있지만 글자 그대로 청문이란 '귀 기울여 듣는다'는 뜻이다. 예를 들어 만약 이 경전을 청문한다면 모두 "아뇩다라삼먁삼보리(최고로 위가 없는 도를 깨달았다)"에서 물러나려 하지 않을 것이다.

다시 말해서 부처님의 가르침을 귀 기울여 들음을 뜻하는 단어다. 거룩하신 부처님의 가르침을 귀로 듣고 가슴으로 새긴다면 그것이 깨달음으로 향하는 바른 자세가 아니겠는가? 부처님의 가르침뿐만 아니라 늘 언제 어디서나 '귀 기울여 듣는' 자세는 삶을 든든히 지탱케 하는 일이라 하지 않을 수 없을 것이다.

쾌락 快樂

장마철의 어느 날, 유치원 아이들은 통로의 추녀 끝에서 떨어지는 물방울을 손바닥에 받고 있었다. 그리고 손에서 흘러넘치는 물방울의 유혹에 끌린 듯이 실내화를 신은 채 뜰로 나가서 손으로 도랑을 파는 흙장난을 시작했다.

물과 흙을 가지고 노는 것을 좋아하는 아이들은 온 몸이 흙투성이가 되어도 상기된 얼굴에 나타나는 만족스러움은 더할나위 없어 보인다. 어른들의 분별력으로는, 빗속의 흙장난은 비위생적이고 감기에 걸릴 지도 모른다는 등의 생각을 하게 되고, 그 장난을 제지하려는 경향이 많다. 어린이 본래의 자연스러운 즐거움으로 채워지는 행동도 문화적 생활이라는 이름 아래 억제되고, 어린이에게는 쾌적한 공간도 문화적 인간에게는 적합하지 않다는 이유만으로 대응하는 것이다.

쾌락을 탐닉한다는 말이 암시하는 것처럼, 확실히 쾌락에는 찰나적이고 소모적인 쾌감의 추구가 느껴진다. 불교에서는 물질적 욕망의 만족을 가리키기도 하지만, 오히려 종교적 내지는 정신적인 즐거움을 의미한다. 그러니까 '안온쾌락' 이라는 것은 마음이 편하고, 아무런 번뇌나 방황도 없는 깨달음의 경지에서 느낄 수 있는 기분 좋은 즐거움을 말하는 것이다.

사람은 누구든지 마음의 평형상태를 추구하며, 욕망을 채우려고 행동한다. 그러나 어른이 됨에 따라 자기의 내면에서 생겨나는 욕구보다 타인에게 몰려서 야기된 욕망에 흔들리는 경향이 있다. 미디어가 끊임없이 쏟아내는 정보에 쫓겨서 자신을 통제할 수단을 상실하고, 바람직하지 않은 소모적인 욕망에 몸이 시달리게 된다.

문화의 발전은 인간 정신의 함양을 목표로 했던 셈이다. 그러나 물질적 충족에 치우쳐 온 나머지 지금은 차라리 어린 아이들이 비를 맞으면서 하는 흙장난처럼 「비非」문화적인 행동에 의한 마음의 충족상태야말로 정신적이고 불교적인지도 모른다.

일시적인 쾌락에 젖어서 마약을 하고, 도박을 하고, 외도를 하는 것이 요즘은 보편화 추세에 있는 듯하다. 그러나 그렇지 않게 사는 사람이 많기 때문에 오늘날의 세상이 유지되고 있는 것이다. 미꾸라지 몇 마리가 웅덩이를 흐려 놓듯이, 이들 얼마

안 되는 인간들이 세상을 흐려놓고 있다. 그렇기 때문에 이런 자들을 그런 흙탕물 속에서 구제해내기 위해서라도 우리의 전통적 가치를 재정립하는 그런 정신운동을 다시 불러일으켜야 할 필요가 있는 것이다.

평등 平等

'남녀고용평등법'은 고용에 있어서 남녀평등을 사업자에게 요구하고 있는데도 실제로는 여성에게 불리한 상황이 계속되고 있다. 이러한 사회현상에 대해 비아즈의 『악마의 사전』에서는 평등에 대하여, "정치에서의 '상상 속의 상황'이다"라고 하며 비꼬고 있다. 이처럼 평등의 세계를 구현하는 일은 힘들다는 것을 말해주는 것이다.

예를 들면 일상생활이나 정치 · 경제 · 법률 등 다양한 분야에서 서로 동등하다는 것을 확인하는 행위는 현대의 우리에게 있어서 당연한 일이라고 할 수 있음에도 대한민국헌법 제11조 제1항에 "모든 국민은 법 앞에 평등하다. 누구든지 성별 · 종교 또는 사회적 신분에 의하여 정치적 · 경제적 · 사회적 · 문화적 생활의 모든 영역에 있어서 차별을 받지 아니한다"라고 명기되어 있지만 현재에도 그와 같은 불평등이 완전히 해소되지 않았다는 점을 생각하면 이 말의 실천이 인간세계에서 얼마나 어려운 것인가를 알 수 있을 것이다. ,

"모든 인간은 날 때부터 자유롭고 존엄과 권위에 있어 평등하다"는 이 말은 『세계인권선언문』의 첫 구절이다. 이러한 평등을 국어사전에서는 "권리·의무·자격 등이 차별 없이 고르며 한결같음, 인간의 정치·경제·사회적인 모든 종류의 차별대우에 반대하는 그리스의 스토아(stoa)학파에서 시작됨"이라 밝히고 있다.

그러나 인권의 대명사와 같은 단어인 '평등'은 그보다 앞서 석가모니 부처님에 의해 실천되고 설해졌다. '평등'은 원래 한자에는 없던 말이다. 그 말과 의미는 불교가 마련하고, 그리고 중국에서 한자화 되었으며, 한국과 일본으로 전해졌다. 평등은 범어 '사마타(samata)'의 번역이다. 무차별의 세계, 온갖 현상을 꿰뚫는 절대적인 진리를 일컬어 평등이라 했던 것이다.

또한 범어 우페크사(upeksa)의 뜻을 번역한 것이라고도 한다. 이 말의 원 뜻은 "버린다"는 것인데, 이것은 "모든 차별상을 버린다"는 의미이다. 불교는 모든 사물의 본질은 공상, 공성, 마음의 진실성 등 차별이 없는 것이라고 말하고 있다. 평상시 쓰는 '평등'에는 두 가지 뜻이 있는데, 하나는 평균이라는 뜻으로 여기에는 "상등하다", "상동하다"라는 뜻이 함께 쓰인다. 『백유경百喩經』「이자분재유二子分財喩」에 "물건을 평등하게 나누어주기 위해서는 이제 이 물건을 두 몫으로 갈라야 겠다"는 내용이 있다. 여기에서는 평균을 뜻한다. 곽효성郭孝成의 『몽고독립기』에 "몽고국이 성립된 다음 한족, 만족, 회회족, 장족 등은 모두 평등하다"라는 기술이 있다. 여기에서는 각 민족의 권리가 다 같다는 뜻으로 쓰인 것이다.

다른 한 가지는 평범하며 일반적이라는 뜻으로 쓰인다. 청나라 이어李漁의 『의중연意中緣』「촉비囑婢」에 이런 내용이 있다. "당신은 그녀가 아주 총명하고 재질이 있다는 것을 모르고 있어요. 제 생각 같아서는 그녀가 절대 평등한 남편에게는 시집가려 하지 않을 거예요". 여기에서 '평등'이란 단어는 '평범'하다는 뜻으로 쓰인 것이다.

시간적으로는 '3세 평등'이라고 인식하였다. 『원각경圓覺經』권 상에 "3세는 원래 평등한 것이어서 따지고 보면 오고 가는 것이 없다"라고 기술하였다. 공간적으로는 "대소가 다 평등하다"고 인식한 것이다. 『화엄경』은 "대세계가 곧 소세계이며, 소세계가 곧 대세계이다"라고 설파하였다. 불성의 시각에서 보면 모든 중생이 다 평등하다는 것이다. 『열반경』「범행품」에는 "여래라 할지라도 중생과 평등하지 않다고 말할 수 없다. 그러나 죄를 진 사람에게는 여래가 무거운 것이니 마음을 비운 사람에게 있어서 부처는 바로 자비로운 존재다". 중생이 평등할 뿐만 아니라 원수와 벗도 다 평등하다, 당나라 고황顧況의 「강서에서 팽도로 가는 길에 제 상공에게 보내는 시」에 보면 "본사에서는 도를 닦고자 하는 사람은 모두 다 받아드리니 이는 원수나 벗이나 다 평등한 것을 말함이다"라고 읊었다.

불교에서는 완고한 '아집'과 오만한 '아견'은 불평등을 초래하며 분쟁을 불러일으키는 죄악의 근원이라고 설파하고 있다. 불교 수련을 하는 주요한 목적의 하나는 '아견'을 평등한 것으로 전화시키는 것이며, 이를 통하여 타인과 함께 평등한 일체에 도달한다는 것이다. 이로써 자비를 베풀어 세상을 구한다는 정신을 수립한다는 것이다,

석존께서는 고대 인도사회의 계급제도인 4성의 평등을 설법했지만, 계층의 고정화에 의존하여 사회질서의 유지를 도모하고 있던 시대에 그런 주장은 매우 선구적이고도 위험했음이 틀림없다. 그러나 실제의 석존의 승단은 속세의 권력과 한 걸음 거리를 두는 것에 성공했고, 평등의 주장도 계속해서 후세에 확실하게 전해졌다.

그리고 불교가 중국에 전래된 뒤에, 이 같은 불교 특유의 무차별 사상은 평등이라는 말로 번역되었다. 『열반경』에서도 "일

체 중생은 모두 평등하다"고 설법하고 있듯이 보다 심화된 표현
으로, 게다가 좀 더 보편적으로 많은 경전 속에서 주장하게 되
었던 것이다. 이처럼 온갖 것이 공空함을 깨달으면 사물은 본래
나고 멸함이 없음을 알게 되어 마음 자체가 스스로 만족해지므
로 몸과 마음을 분별해 보지 않게 되고, 적멸 · 평등 · 구경 · 진
실의 경지에 머물러 물러남이 없게 될 것이다.

끝으로 엄격한 카스트제도에 대해 인간의 귀천은 오직 그 행
위에 의해서만 결정될 뿐이라며 카스트제도를 부정하고 '평등'
을 강조하신 부처님께서 어떻게 대처하셨는지 그 예를 이발사
우팔리에 관한 일화를 통해 알아보자.

부처님의 사촌동생인 일곱 왕자들은 승단에 귀의하고자 이발
사 우팔리에게서 머리를 깎는다. 그 모습을 부러움 속에 지켜보
던 우팔리는 부지런히 그 뒤를 따랐고 오히려 왕자들보다 앞서
부처님의 제자가 된다. 일곱 왕자들이 스님들께 예를 올리다가
우팔리 앞에서 절을 멈추자 부처님께서는 인간의 신분과 인격
은 종성種姓에 의해 결정되지 않음을 강조하며 꾸지람을 내리신
다.

"여러 강이 있어 점점 모아지면서 물이 불어나지만 그 강들의
물이 한 번 바다에 이르고 나면 그 전의 이름은 없어지고 오직 바

다라고 일컬어진다. 마찬가지로 네 계급도 법과 율에 따라 발심
출가하여 불법에 이르면 이전의 계급 대신 오직 중衆이라고 불리
게 된다"

고 하셨던 것이다.

오직 이와 같이 평등심으로 섭수하고 절복하신 부처님의 따
사로운 음성 앞에 우리는 절로 고개 숙여 예경하게 되지 않을
수 없는 것이다.

평상심 平常心

'평상' 이란 일상을 말한다. 목이 마르면 차를 마시고, 배가 고프면 밥을 먹고 싶다고 생각하는, 그러한 태평하고 자연스런 있는 그대로의 마음을 '평상심' 이라고 한다. 이런 마음을 갖기 위해서는 욕심의 뿌리를 자르고, 자기의 시비선악으로부터도 떠난 숭고한 깨달음의 심경마저 초탈해야 한다. 즉 숭고하지만 비일상적인 심경을 타파하고 실제의 인간 구제의 현장으로 나서는 것을 뜻하는 것이다. 그 현장을 "평상심도平常心道(평상심平常心이 도道이다"라고 하는데, 이 말은 8세기 중국의 선승 마조도일馬祖道一에게서 비롯된 것이다.

마조선사는 다음과 같이 말했다.

"도는 닦는 것이 필요치 않으며, 다만 오염되지 않게 하라. 그러면 무엇이 오염된다는 것인가? 생사심生死心으로 작위作爲와 지향指向이 있게 되면 모두가 오염되는 것이다. 그러면 그 도를 당장에 알고자 하는가? 바로 평상심이 도인 것이다. 그러면 무엇을 평상심이라 하는가? 그것은 바로 조작操作이 없고 시비是非가 없으며, 범부凡夫와 성인聖人이 마음에 없어야 하는 것이다."

마조선사는 다른 부분에서 이렇게 말했다.

"마음心은 광대와 같고, 의식意은 광대놀이에 장단을 맞추는 것과 같다면, 그것으로서 어떻게 경經을 알 수 있겠는가?"

과연 이러한 마음을 우리가 가질 수 있겠는가 하고 의문이 들겠지만 그러한 마음을 가지고 있는 것보다는 그러한 마음을 가지려고 노력하는 자세를 마조도일은 우리 중생들에게 요구했던 것이 아닐까 한다.

하품 下品

『관무량수경觀無量壽經』에 나오는 말로써 정토극락에 왕생하는 자를 그가 살아온 업에 따라서 상품·중품·하품으로 나누고 있다.

부처님 말씀에 의하면 얼마만큼 성실하게 살았는가에 의해서 상품과 하품으로 나뉘어지는 것이지, 말 잘하고 외모를 잘 꾸민다고 상품이 되는 것은 아니다.

그러면 성실하게 산다는 것은 어떻게 사는 것일까? 부처님 가르침대로 살아가는 최초의 출발점으로서 어떤 목숨도 절대로 해하지 않고, 다른 사람을 자신의 형편대로 이용하지 않고, 사람을 속이지 않는 것이 있는데, 이렇게 살아가는 사람을 성실한 사람이라고 했다.

요즘은 경제적 효율을 가장 많이 따지는 사회가 되었다. 그래서 환경오염, 사람을 속이고 이용하고 하는 것이 다반사이다. 이러한 짓을 하는 자들은 절대로 상품이 될 수가 없다. 바로 하품 인간인 것이다.

하품에 해당하는 자는 결국 그 하품이 하는 일에 의해서 자신이 상처를 받게 되고, 그 때서야 자신이 저지른 일이 얼마나 비참한 일이었는가를 알게 된다. 그렇게 되고서부터 부처님 말씀대로 살아가는 길을 걷기 시작하게 되는 것이니 어찌 현명하다고 할 수 있겠는가?

화신 化身

　중생을 쉽게 교화하기 위하여 부처나 보살은 때와 장소에 따라 각가지 중생의 형상으로 변화하는데, 부처, 보살, 3신 중 어느 하나로 변신하는 것을 '화신' 이라 한다.

　수나라 혜원의 『대승의장』 권19에 보면,

　　"부처는 중생에 따라 각가지 형상으로 변하는데, 때로는 사람으로 변하기도 하고, 때로는 하늘로 변하기도 한다. 혹은 용으로 변하기도 하고, 때로는 귀신으로 변하기도 한다. 세상 모든 사물로 다 변할 수 있으니 그 사물은 기실 다른 것이 아니라 부처의 '화신' 인 것이다"

라고 쓰고 있다.

5대시기 양梁나라 봉화악림사奉化岳林寺의 포대布袋중의 이름은 계차契此인데, 그는 임종 시 불교에 관한 시 한수를 남겼다.

"미륵은 진짜 미륵이요, 분신은 억 천만이나 되는구나. 시시때때 이를 세인들에게 보여 주었지만, 세인들은 이를 모르는 도다"

이 시를 보고 후세 사람들은 부대가 바로 미륵의 분신이라고 믿었다.

명나라 태조 주원장은 전국의 절에 미륵보살을 공양하도록 칙령을 내렸다. 그 형상은 부대와 비슷했다, 미륵보살의 그 형상은 지금까지 전해져 내려오고 있다.

요즘은 사물의 모습이 원래의 사물 모습이 아닐 때 이를 화신이라고 부른다. 이러한 화신의 유래는 범어 '니르마나-가야(nirmana-kaya)'의 번역으로부터 시작되었다. 화신은 부처님의 삼신三身 가운데 한 가지이다. 불신을 법신法身 · 보신報身 · 화신化身의 세 가지로 나누는데, 법신은 진리의 몸이란 뜻으로 진리 그 자체이며, 부처님께서 설한 설법 등을 말한다. 보신이란 인연 따라 나타나는 부처님의 몸이라는 것이며 과보와 수행의 결과 이룩한 공덕이 몸이다. 예를 들면 32상 80종 호와 같은 모습니다.

이에 반해 화신은 중생을 교화하기 위해 갖가지 형상으로 변화하는 경우를 말한다. 즉 특정한 시대와 장소에 특정한 사람들을 구제하기 위해 몸을 나투신 부처님이 곧 화신인 것이다. 2600여 년 전에 인도에 출현하신 석가모니 부처님이나 과거의 여러 부처님 그리고 미래의 미륵부처님들도 역시 화신이다. 이처럼 부처님의 몸은 화신이다. 음식으로써 유지되는 몸이 아니지만 중생을 제도하기 위해 일부러 그렇게 보이는 것임을 알아야 한다.

'화신'은 다른 말로 '응신應身'이라고 한다. 중생의 근기에 응하여 나타나는 부처님이라는 뜻이다. 때로는 화신과 응신을 다시 구분 짓기도 한다. 이때의 응신이란 상대에 따라 상대를 교화하고 이끄는데 편리한 모습을 나타내 설법하는 부처님이다. 반면에 화신은 정해진 상호가 있는 것이 아니라 범천이거나 제석·마왕 축생에 이르기까지 다양한 모습을 나투어 중생을 구제하는 불신을 말하는 것이다.

환희 歡喜

요즘에 '환희'라는 말을 들으면 「교향곡 제9번」을 떠올리는 사람이 많을 것이다. 베토벤은 운명이 준 고난을 의지의 힘으로 극복하고 작곡에 몰두했다. 그러한 그의 과정을 알기에 사람들은 즐겨 교향곡 제9번의 「환희의 코러스」를 감동 속에서 합창하는 것이다……

보통의 기쁨보다 더 깊고 큰 기쁨이 환희이다. 그러나 이 환희라는 것은 어떤 것이며, 어떤 때 우리는 진정하게 환희를 느낄 수 있는 것일까?

많은 불교 경전에서도 환희라는 말이 가끔씩 나온다. 잘 알려져 있는 『아미타경』의 끝 부분에는 불타의 설법이 끝났을 때, 그 자리에 모여서 가르침을 듣고 있던 사람들이 모두 환희했다는 사실이 적혀 있다. 그런 일은 『법화경』과 『유마경』 등에서도 마찬가지로 나온다.

불교에서 환희라는 말은 특히 불타의 가르침을 들음으로써 생기는 것으로 되어 있다. 부처님의 가르침을 들으면 몸과 마음이 모두 기뻐진다는 것이다.

환희는 번뇌와 고민으로 가득 찬 사람이, 일체 중생을 평등하게 부처가 되게 하려고 염원하는 여래의 마음을 듣고, 그것이 바로 자신을 향한 본원이었다고 자각할 때 생겨나는 것이다. 그것은 그대로 고뇌하는 모든 중생과 함께 공감하는 환희라 할 수 있다.

이에 대하여, 우리가 기뻐하는 것은 다만 자아의 욕망이 실현됐을 때뿐이 아닐까? 따라서 그 기쁨은 자기 자신 뿐, 아니면 친구 사이만의 기쁨이다. 또한 그 기쁨은 잠시도 머물지 않고 즉시 고통으로 바뀌고 마는 것이다. 그렇기 때문에 그것은 참다운 환희라 할 수 없는 것이다.

우리의 몸뚱아리는 욕망으로 얽혀져 있다. 그러기에 욕망을 없애는 것은 불가능하다. 그러나 그것을 알아차리고 그 욕망을 응시하면서 자제해 가는 것 외에는 환희를 느낄 방법이 없음을 항상 주지하고 있어야 할 것이다

호각 互角

수험생은 대학 본고사를 목표로 노력한다. 학생들 사이의 능력에 큰 차이는 없다. 그야말로 호각지세다. 따라서 평소의 성과를 충분히 발휘하는지 여부에 모든 것이 달려 있다고 해도 과언이 아닐 것이다.

이처럼 사물의 가치와 역량에서 우열이 없는 것을 '호각'이라고 하는데, 그 이유는 소의 뿔이 좌우가 같다는데 근거를 둔 비유이다. 이것은 8세기 당 나라 때 담연湛然이라는 사람이 저술한 『마하지관보행전홍결摩訶止觀輔行傳弘決』이라는 책에서 나온 말이다.

재미있는 일화 하나를 소개하면 다음과 같다.

양상군자梁上君子로 유명한 후한 말의 진식陳寔(AD. 104~187)

은 태구의 현령이라는 적은 녹봉을 받고 있으면서도, 그의 아들 진기陳紀와 진심陳諶과 아울러 "3군자"라고 불려져, 그 덕망과 소문이 상당히 높았다.

"어느 날 손님이 진식의 집에서 머문 일이 있었다. 진식은 진기와 진심 형제에게 밥을 지으라고 명령하고서, 그 손님과 담론에 열중하고 있었다. 형제는 밥을 짓기 시작했는데, 아버지와 손님의 담론에 귀를 기울이고 있는 동안, 거기에 열중하여 찌는 바구니 밑에 채롱을 까는 것을 잊어버렸기 때문에, 쌀이 모두 솥 안에 떨어지고 말았다. 아버지가 '밥은 다 되었느냐?' 라고 묻는 바람에 당황하여 보니 죽이 되어 있었다. 형제가 무릎을 꿇고 그 사실을 말하자. 아버지가 '그래서 너희들은 우리들이 얘기하고 있던 것을 조금이라도 머리 속에 남겨두었느냐?' 고 묻자, '네, 대강은 알고 있습니다' 하고 이야기를 시작하는데, 놀랍게도 그 요점을 잡아 담담하게 이야기를 하는 것이었다. 진식은 빙그레 웃으면서 '확실하구나. 그러면 죽이라도 좋으니 사과할 필요는 없다' 고 했다."

이 이야기는 『세설신어』의 「숙혜편」에 수록되어 있는데, 「방정편」에도 다음과 같은 이야기가 있다.

"진식이 친구와 함께 떠나기로 약속한 일이 있었다. 정오에 떠나자고 약속했는데, 시간이 되어도 친구가 나타나지 않기 때문에, 진식이 먼저 출발했다. 그 후 그 친구가 찾아와, 문밖에서 놀고 있는 진기에게 아버지의 일을 물었다. 진기가 '아버지는 오랫동안 기다리시다가, 오시지 않아서 먼저 떠나셨습니다'라고 말했다. 그러자 친구는 화가 나서, '사람과 약속을 해놓고서 혼자서 먼저 떠나버린다면 과연 어쩌란 말인가?'라고 투덜댔다. 이에 진기가 말했다. '아저씨는 아버지와 정오에 만나자고 약속하셨지요?' 그런데도 정오에 오시지 않은 것은 신의에 관계되는 일이 아닙니까? 더군다나 아들을 보고 아버지 욕을 하는 것은 예의에 어긋나는 일이 아닙니까?' 친구는 그가 닦아세우는 바람에 몹시 부끄럽게 생각하여, 수레에서 내려 사과하려고 했지만 진기는 그를 상대도 하지 않고서 대문 안으로 들어가 버렸다".

이것을 "그 아버지에 그 아들"이라고 하며, 이 진기의 아들인 진군 역시 후에 위 문제 조비에게 벼슬하여 사공과 재상이 되어, 구품중정법을 입법한 일로 널리 알려지게 되었다.

이것은 진군이 어릴 때의 이야기다. 한번은 숙부인 진심의 아들인 진충陳忠과 서로 자기아버지의 공적과 덕행을 논하며 우열을 다투었는데 도무지 결말이 나지 않아서 할아버지인 진식에게 판정을 해달라고 하였다. 그러자 진식이 말했다. "원래 형이라고 하기도 어렵고 동생이라고 하기도 어렵구나"

라고 말했다.

이상에서 소개한 이야기를 보면 아버지 진식이나 아들인 진기, 진군이나 모두 진실함이나 강직함이나 열성적인 것이 거의 같아 어느 누가 더 낫다고 할 수 없을 정도의 인품을 가졌음을 알 수 있을 것이다. 이처럼 우열을 가리기가 어려운 경우에 쓰는 말이 '호각지세'라는 말이다. 이러한 호각지세와 비슷한 고사성어로 다음과 같은 것들을 들 수가 있다.

백중지세伯仲之勢   우열을 분간할 수 없다.伯仲之間
우열난분優劣難分   뛰어나고 열등함을 분간할 수 없다.
대동소이大同小異   거지반 같고 조금만 다름. 즉, 거의 같음.
난형난제難兄難弟   형제가 똑같아서 누가 더 낫다고 할 수
                없을 정도로 능력이 같음.
오십보백보五十步百步 조금의 차이는 있으나 크게 보아서는
                본질상 차이가 없음.
콩이 크니 내 콩이 크니 한다.
막동이 씨름하듯童角抵戱.
두꺼비씨름 누가 질지 누가 이길지.

희사 喜捨

즐겁게 남에게 주는 것을 '희사'라고 한다. 그러나 군사독재 시절 대체로 높은 지위에 있던 사람들이 행세나 하려는 차원에서 얼마 안 되는 돈으로 불쑥 나온 배를 실룩거리며 단상에서 깡마른 사람에게 능글능글 웃으며 주는 것이 희사라고만 느껴지니, 아무래도 예전의 그릇된 인상이 지워지지 않아서일 것이다. 물론 자신의 것을 아껴가며 모은 돈으로 불우한 사람들에게 선뜻 넘겨주는 미덕을 가진 좋은 사람들도 많았던 것은 사실이다.

이처럼 순수한 마음으로 사회와 불운한 사람들을 위해 자비심을 베푸는 것이 진정한 희사의 뜻일 것이다. 『대승집보살학론 大乘集菩薩學論』에 보면,

"믿음은 더럽혀지는 일이 없어 마음이 청정하고, 자만의 뿌리를 제거하니, 믿음만 있으면 능히 모든 것을 희사하고 불법에 들어갈 수 있다."

라는 말이 있다. 다시 말해서 희사라는 말의 원래 뜻은 불법에 전념하여 수행하기 위해 자신이 가지고 있는 모든 것을 기쁘게 던져버리는 것, 혹은 잊어버리는 것을 의미하는 불교용어이다.

그러나 자신이 소유하고 있는 모든 것에 대한 미련을 못 버리는 것이 인간이 아닌가? 그래서 불교에서는 중생에게 끝없는 기쁨을 주고, 고통의 아픔을 없애 주기 위해서 자기의 아집을 버리도록 하게 하는 '사무양심四無量心'을 일으키게 하는 방법을 가르쳐 주고 있다. 바로 불보살의 자慈·비悲·희喜·사捨 등의 사덕四德이 그것이다. 즉 '자무양심'이란 인자함을 베풀어 상대가 좋아하면 그것이 본인에게도 즐거운 일이며, '비무양심'이란 남에게 슬픔이 안 가도록 해주어 자신과 더불어 평안한 마음을 갖도록 해 주는 것이며, '희무양심'이란 다른 이가 즐거워하는 것을 보고 자신도 즐거워하는 마음이며, '사무양심'이란 자신의 것을 버린다 해도 아무런 마음에 거리낌이 없는 그런 마음가짐을 말한다.

이처럼 '사무양심'이란 다른 이에 대해 사랑하고 증오하지 않고 친근하며 멀리 느껴지게 하지 않는 마음에 있어서 누구와도 평등한 평형의 상태를 말하는 것이다.

유마거사와 문수보살이 희사에 관해 문답한 내용이 아주 유명한데, 문수보살이

"무엇을 일러 희喜라 합니까?"

그러자 유마거사가 답하기를,

"중생에게 유익함이 있으면 기뻐하는 것이고, 나의 것이 없어졌다 하여 후회하지 않는 것입니다."

그렇다면,

"거사님, 무엇을 또한 사捨라고 하는 겁니까?

하고 묻자, 유마거사는,

"보살은 다만 주어진 자신의 임무에 충실하는 것이지, 그 한 행의에 대한 어떤 보답도 바라지 않아야 합니다."

라고 대답했다.

이러한 마음을 닦기란 물론 어렵기 짝이 없는 일이다. 그러나 이런 마음가짐을 갖는다면, 그는 반드시 대범천에서 태어날 것이라고 하였듯이, 자신의 행위에 대해 후회하거나 자만하거나

뽐냄 없이, 그저 평안한 마음의 상태를 가지며 사는 것, 그것이 바로 '사무양심' 인 것이다.

따라서 독재 권력에 빌붙어 부정하게 벌거나 부동산 등에 의해 갑자기 재산을 쌓은 졸부들이 거들먹거리며 행세하는 그런 자들의 희사는 결코 희사라 할 수 없다. 금융위기 사태 때 우리 국민은 금 모으기를 자발적으로 하여 큰돈을 만들어 낸 적이 있다. 그저 나라를 살려야겠다는 마음으로 어린애 돌 반지까지 꺼내와 모금함에 넣는 그런 마음이 바로 '희사' 인 것이다. 그러나 정작 돈 있는 자들은 그런 대열에 거의가 안 끼었다니, 역시 대범천에 갈 수 있는 자들은 이미 하늘이 점지해 주고 있음을 알 수가 있다. 요즘처럼 어려울 때일수록 우리는 진정한 희사의 정신을 가지고 주위를 돌보아야 할 것이다.

생활관
을 알게 해주는 용어

개발 開發

눈부신 과학기술의 발전에 따라 현대인의 생활은 아주 풍부해졌다. 그러나 과학주의는 좋은 면뿐만 아니라, 예를 들면 필요 이상의 자연개발 등으로 생태계에 이상을 초래하고, 공해라는 커다란 사회문제까지 일으키고 있다. 요즘 불거지고 있는 4대 강 개발 사업이 그것이다. 사실 이 개발사업의 근본문제는 정치가들의 정치적인 계산이 밑에 깔여 있어 그 본질이 전도되고 있는 것은 사실이지만, 어찌되었든 개발은 일단 자연을 파괴하는 일인 만큼 충분한 검토와 연구를 통해서 시작되어야 할 것이다.

그러나 이러한 개발이라는 말은 사실은 불교에서 나온 말로서 우리가 생각하는 의미와는 천양지차가 있는 말이다. 이 개발이라는 말은 원래 "여래를 믿는 마음이 일어나는 것", "진실의 지혜가 일어나는 것" 등을 나타내는 불교용어이다.

그 옛날 석가모니의 교단에 주리반특周利槃特이라는 불제자가 있었다. 그는 자기의 이름도 기억하지 못하는 바보 중의 바보였다. 그러니 부처님의 가르침을 터득할 리가 없었다. 그러한 그였지만 자신이 어리석다는 것만큼은 알고 있었던지, 언제나 자신의 바보스러움을 한탄하곤 하였다. 그런 주리반특에게 어느 날 석가모니 부처님은 싸리 빗자루 한 자루를 주시면서, "티끌을 털고 먼지를 쓸어 내거라"하시면서 절을 청소하도록 하셨다.

"티끌을 털고 먼지를 쓸어 내거라"라는 말씀을 어리석은 주리반특이지만 계속해서 중얼거리면서 외웠기에 다행히 잊어버리지 않고 몇 년 동안 계속해서 청소를 하면서 지낼 수 있었다. 어느덧 그 말은 그의 몸에 스며들 정도가 되었는데, 부처님께서 그에게 그 말씀을 주셨던 것은 "티끌은 번뇌의 티끌이며, 먼지는 무명無明(진리에 어두운 것)의 먼지라는 사실"을 주리반특에게 가르치시고자 하셨던 것이었다. 부처님의 가르침에 따라 철저하게 어리석은 그였지만 대신 철저하게 겸허했던 주리반특은, 자신에게 집착하고 자신을 내세우려고 하는 무명의 어둠을 깨뜨리고 진실을 간파하는 지혜를 개발하게 되어 훌륭한 불제자의 하나가 되었던 것이다.

인도의 대지는 먼지투성이다. 바람이 한번 불면 청소를 아무리 해도 아무런 소용도 없다. 그러나 우직한 주리반특은 남들이 헛수고처럼 생각하는 생활을 계속함으로써 진실을 간파하는 지혜를 개발하게 되어 전체가 빛나는 의미를 부여받게 된 것이다.

이처럼 인간의 모든 생활이 진실과 상즉相卽(만물은 그 실상이 하나로 합쳐져 있어서 한 몸이라는 불교용어)되어 있다는 것을 꿰뚫어보는 것이 불교의 지견智見이다. 요컨대 인생의 모든 것이 충분하고 만족하다고 말할 수 있는 세계를 여는 것이 진실이며, 그것을 간파하는 지혜를 주리반특은 부처님의 가르침에 의하여 개발했던 것이다.

과학기술의 개발에 따라 환경이 정비되고, 부처님의 시대보다 훨씬 더 윤택해 보이는 생활을 하고 있는 우리지만, 뭔가 불안을 느끼며 살고 있는 우리이고, 그러다 보니 충분히 만족감을 느끼지 못하는 현대인에게 있어서, 과학의 개발과 정신의 개발 중 과연 어느 쪽이 정말로 중요한 것일까를 우리는 '개발'이라는 단어를 통해 생각볼 필요가 있지 않을까 한다.

걸식 乞食

"작년에 왔던 각설이 죽지도 않고 또 왔네"라는 각설이 타령을 요즘은 연극이나 마당극을 통해 자주 듣는 편이다. 지금은 다들 배불리 먹는 시대라 각설이 타령이 하나의 소리로써 우리의 여흥을 더해 주는 공연놀이가 되고 있지만, 그렇지 못했던 시기의 각설이타령은 그야말로 우리나라의 비참했던 암흑기를 대변해 주는 신세타령이었다. 6 · 25사변과 함께 전국 각지에서 배고픔을 호소해야 했던 걸인들의 한을 담은 이 노래는 지금도 동시대를 살아온 사람들에게는 볼거리만은 아니었던 것이다. 이처럼 먹을 것을 구하기 위해 각설이타령을 흥얼대는 걸인들의 행위를 '걸식' 이라고 하는데, 이 '걸식' 의 본뜻은 우리가 알고 있는 "먹을 것을 구하는 행위"가 아니라 "먹을 것을 주는 행위"였다는 점을 알아야 할 것이다.

이 걸식이라는 말이 처음 등장한 곳은 바로 불교의 탄생지 인도였다. '걸식'이라는 말에 해당하는 산스크리트어는 'qkdlsek-qkxk(painda-pāta)'이다. 이 말이 가지는 의미를 보면 '동냥' 動鈴(동령이란 요령을 흔든다는 의미로, 탁발을 하던 스님들이 요령을 흔들었던 것에서 유래가 되는데, 발음의 편의 상 동냥으로 전화된 것이다)이나 '탁발'이나 같은 개념으로 보면 무방할 것이다.

인도에서는 불교 이전의 시기부터 자라날 때는 스승 밑에서 공부를 하며 걸식수행을 하였던 전통이 있었다. 『범망경』에 보면 "식사는 언제나 걸식을 해야 하고, 걸식을 할 때는 가난한 집과 부잣집을 가리지 말고 차례로 빌어야 한다"고 했다. 이것은 먹는 문제를 초월해 수행자로서 마음을 밝히는데 전념토록 하기 위해서였으며, 평소 사람들에게 보시공덕을 쌓게 하려는 의도에서였다. 그러다가 성인이 되어 혼인을 하게 되고부터는 이제는 오히려 걸식을 하는 수행자들에게 먹을 것을 주는 의무를 가졌던 것이다. 그러다가 생활의 안정을 찾게 되면 그 다음 단계는 숲 속에 머무르며 수행을 하였다. 그리고 마지막 4단계에 이르면 한 곳에 머무르지 않고 각지를 떠돌며 배움과 수행을 찾아 나서게 되었다. 이 마지막 단계도 역시 걸식으로 먹는 문제를 해결하였던 것이다.

이러한 인도인들의 전통적 생활습관을 불교가 받아들여 수행의 한 방법으로서 정착화 시킨 것이 소위 오늘날 우리가 일반적으로 말하는 걸식행위이다. 남방불교에서는 아직도 스님들께 음식을 베푸는 것이 사회적인 관례로 남아 있다. 우리가 동남아시아 지역을 다니다 보면 주황색 승복을 입은 스님들이 먹을 것을 담을 그릇을 들고 거리를 떼 지어 다니는 모습을 볼 수 있는데, 바로 걸식을 하는 그들의 모습이다.

그러나 우리가 인식하고 있는 걸식과 이들의 행위와는 전연 다른 개념에서의 행위라는 점을 알아야 한다. 바로 수행을 위한 하나의 과정이고, 이것을 사회적 통념에서 인정하는 가운데 영위되어지는 행위이기 때문에, 우리가 먹을 것이 없어 남에게 구걸하는 그런 것과는 차원이 다른 신성한 종교행위라는 것이다. 그렇기 때문에 그들에게는 일정한 규율이 있다. 즉 일반적인 거지들과 다른 바를 표시하기 위함이다. 이것도 부처님께서 정해 주신 의무였다. 즉

① 심신을 바르게 하여 바르게 계를 지킬 것(住正戒)
② 용모를 바르게 하여 지켜보는 이가 공경하는 마음이 들도록 신심을 불러일 으킬 것(住正威儀)
③ 부처님께서 가르쳐 주신 법도에 맞게 행동해야 하며, 다섯

가지 부정함을 버릴 것(住正命)

④ 육신은 고苦의 근원이기에, 수행을 하는데 필요한 건강을 유지하기 위해 음식이 필요하다는 생각을 할 것(乞食四事)

등 4가지였다.

그런데 여기서 더 중요한 것은 절대로 혼자서 걸식을 못하게 했다는 점이다. 그것은 그야말로 거지처럼 보이지 않게 하려는 의도에서 였다고 볼 수 있다. 그래서 정해진 것이 걸식을 할 때는 반드시 3인 이상이 함께 행동해야 한다고 했던 것이다. 그래서 스님들을 원래는 중衆(무리)라고 불렀던 것이다.

요즘 우리 주변에서 흔히 스님 복장을 하고 집집마다 돌아다니며 동냥을 하는 사람들을 볼 수 있다. 그들은 걸식을 하는 것이 아니라 그야말로 거지들이라고 할 수 있다. 등산하는 입구에서든 지하철역이든 시주함을 앞에 놓고 열심히 목탁을 두드리며 절하고 있는 자들도 결국은 거지수준을 벗어나지 못하는 거짓 구도자라 할 수 있으니, 불교용어 한 마디가 가지고 있는 절대적 진리를 그들은 이해하지 못하고 있는 것이다.

걸식을 하는 데는 10가지 이익이 있다고 했다. 즉 생명을 유지하며, 삼보에 머물게 하며, 자비심을 내게 하고, 부처님의 가르침을 바르게 하며, 교만한 마음을 깨뜨리고, 베푸는 선한 근본에 감동하며, 걸식하는 모습을 보고 선한 근본을 발휘토록 하며, 남녀대소의 모든 인연이 이를 통해 소멸되며, 차례를 지켜 걸식을 함으로써 평등심을 갖게 된다는 열 가지 이익이 그것이다.

그리고 보면 걸식도 아주 좋은 의미를 가지고 있음을 알 수 있다. 요즘 소년소녀 가장을 위한다든가, 백혈병 아이를 위한다든가 등등의 이유로 걸식행위를 하는 모습을 볼 수 있다. 정부가 관심을 두지 않으니 이런 행위를 하는 이들을 보면 가슴이 아프지만, 이러한 행위를 하는 사람들 자체가 걸식이 가지고 있는 깊은 뜻을 되새기며 그야말로 좋은 뜻으로 이러한 걸식행위가 이루어졌으면 하는 바람이다.

우리나라 불교계에서도 과거에는 걸식수행을 한 바 있는데, 그 최초의 기원은 신라시대 때 왕륜사王輪寺의 '비로자나장륙금상' 불사를 위해 스님들이 동냥을 다닌 것이 처음이라고 한다. 지금은 사회적 현실을 고려하여 걸식행위를 금하고 있으니, 수행도 시대에 따라 변하고 있음을 알 수 있다.

끽차 喫茶

'끽차' 혹은 '끽다' 라고 하는 말은 글자그대로 "차를 마신다"라는 의미이다. 그러나 이 용어가 가지고 있는 의미는 매우 심오하다. 원래 이 말의 시원은 '끽다거喫茶去' 라는 화두에서 나온 말이다.

조주趙州선사가 막 도착한 스님에게 물었다. "그대는 일찍이 이곳에 와 본 적이 있는가?" 그 스님이 "와 본 적이 있습니다"라고 답하자, 선사는 "차나 드시고 가시게喫茶去"라고 했다. 그때 도 다른 스님이 도착하자 그에게도 같은 질문을 했다. 그러자 그 스님은 "와 본 적이 없습니다"라고 대답했다. 그러나 역시 "차나 드시고 가시게"라고 했다. 후에 원주가 "어째서 선사께서는 와 본 적이 있는 스님이나 없는 스님이나 똑같이 차를 권하시는 겁니까?"라고 묻자, 선사는 원주를 앞에 두고 다시 그를 불렀다. 그러자 원주가 "네"라고 대답하자, 선사는 "원주, 자네도 차 한 잔 드시게나"라고 했다.

이는 유명한 조주선사의 '끽다거'라는 화두인데, 이러한 '끽다거'라는 화두는 수많은 공안에서 다양한 형태로 출현하고 있다. 이미 『전등록』에서만도 20여 종이 보이고 있을 정도이다. 그것은 조사선祖師禪이 기본적으로 '평상심시도平常心是道'라는 사상을 바탕으로 하고 있고, 나아가 이미 '무정설법無情說法'이 논증되어 '차'라는 물상物像과 '차 마심'이라는 '평상'을 통해 선리禪理를 드러내고자 했기 때문이다.

실제로 이 화두에서 '이곳'과 '차를 마심'은 중대한 의미로 해석할 수도 있다. '이곳'을 바로 '당하즉시當下卽是'의 진리의 자리로 메타포시킬 수 있고, '와본 적'이 있고 없음에는 무서운 '경책警責'이 숨어 있으며, "차나 마시고 가시게"라는 말에는 '평상심'의 선리를 깨달으라는 자상한 선사의 배려를 느낄 수도 있는 것이다.

필자는 승가에 반연絆緣이 깊어 어려서부터 늘 차를 접했고, 그에 따라 언제나 차를 마시는 습관을 가지게 되었다. 필자는 항상 '우전'이나 '세작' 등의 녹차로부터 오룡차, 보이차 등의 중국차에 이르기까지 십여 종의 차를 마련해 놓고 늘 마시고 있다. 그것은 고질적인 게으름으로 인해 늘 쫓기는 논문과 저술,

번역 등의 원고로부터 억지로 '차 한 잔의 여유'를 마련하고자 하는 의도가 들어있기 때문이고, 또한 차를 통하여 잠을 쫓아 청량한 정신을 찾으려는 이유 때문이다.

우리 한국인들은 모이면 으레 '곡차'를 통음하는 습관이 있다. 그렇기 때문에 숙취를 제거하기 위해서라도 더욱 맑은 차가 요긴해 진다. 그렇기 때문에 '끽다거'의 화두를 통해 본래면목本來面目의 본분사本分事를 다시금 일깨울 필요가 있는 것이다.

"여보 게 벗님네들, 차 한 잔 마시시게
그대 바쁜 마음 잠시 접어두고 이리와 앉으시게나 그려
세상살이 고달프기는 예나 지금이나 마찬가지니
조급하면 한 가지도 이루어지지 않는다 네
심기화평이면 백 가지 복이 저절로 모인다 했으니
급할수록 돌아가야 하는 것 아니겠는가?
씨는 봄에 뿌리고 열매는 가을에 거두는 법
인생백년이 길다고는 하지만 천상에서는 그저 몇 날 밤에 지나지 않는다더군
부귀영화 좋다지만 깨고 나면 꿈 아닌가
그러나 차를 마시면 오래 산다고 하고
차를 마시면 영원복락 누린다고 하니

여보게 벗님네여

차나 한 잔 마시며 이 세상 살아가세나"

내 의 內衣

　기름 값이 올라갈 때마다 겨울이 되면 내의를 입으라는 광고 방송이 연일 텔레비전에서 나오곤 했던 것을 기억할 것이다. 1 배럴에 12, 3달러 하던 때도 그랬는데, 이제는 70달러가 넘는 시대에서 사는데다, 혹한이 급습해오는 날이 잦은 요즘 같은 날 에는 내의 타령이 저절로 나오고 있다.

　내의가 언제부터 만들어졌는지는 확실하지 않으나 부처님 시 대에 이미 내의에 관한 개념이 있었던 것을 보면 아주 오랜 역 사를 가지고 있었지 않았나 하는 생각이 든다. 부처님 당시에 비구는 승가리僧伽梨·울다라승鬱多羅僧·안타회安陀會 등 삼의三 衣을 입도록 했고, 비구니에게는 삼의 외에 승지지僧祇支·궐소 락가厥蘇洛迦를 더하여 오의五衣를 입게 하였다.

　'승가리'는 마을이나 궁중에 들어갈 때 덧입는 옷으로 중의重

衣 혹은 대의大衣라고 부르는데, 9조 이상 25조까지의 가사를 말한다. '울다라승uttarāsangha'은 예불이나 독경, 혹은 법문을 할 때 입는 의식 복으로 상의上衣라고 했다. 이는 7조 가사를 뜻한다. '안타회antarvāsa'는 일상적인 작업이나 잠자리에서 입는 평상복으로 이를 내의內衣라 했다. 이는 5조 가사였다. '승지지samkasakā'는 가슴 등을 덮기 위해 상의 속에다 왼쪽 어깨로부터 허리에까지 내려오도록 입는 의복인데 비구도 입을 수가 있었다. '궐소락가kusūlaka'는 장방형의 천 양쪽 끝을 꿰매어 겹쳐서 허리에 치마모양으로 입어 허리띠를 묶는 옷으로 비구니만이 입는 옷이다. 이 외에도 부처님께서는 삼의나 오의에 속옷과 같은 친의襯衣를 입도록 허락하셨으며, 비구니들에게는 속바지로 입는 '사륵áātaka'이 있었다.

이들 옷은 대체로 넝마 같은 천들을 모아 엮어서 만드는데, 죽은 사람을 싸서 버린 천, 시신이 입은 천, 버린 천, 더러운 천들로 만들어졌다. 이렇게 했던 것은 옷에 대한 욕심을 버리게 하는 것이고, 당시 옷 구경하기 힘든 상황에서 도난을 방지하는 데도 일조했기 때문이었다. 수행자들은 이렇게 기워 입은 삼의와 탁발할 수 있는 바리 하나만 있으면 만족했고, 오로지 수행에만 힘써 지금도 삼의일발三衣一鉢은 청정한 수행자의 무소유 정신과 청빈사상의 상징으로 되고 있다.

어쨌거나 내의에 해당하는 '안타회'가 일을 할 때나 잠자리에 입었다는 것은 부처님을 대할 때나, 부처님 대신 중생을 대할 때를 제외하고는 그저 한 옷으로 지냈다는 것이 된다. 물론 오늘날 우리가 생각하는 그런 내의는 아니었다고 볼 수 있다. 그러다 보니 따듯한 인도에서는 그나마 견딜 수 있었다 해도 중국으로 불교가 전해지고부터는 이런 옷으로만 살 수 없었기에 당나라 때 측천무후則天武后는 선승들에게 내의를 하사했다고 한다. 측천무후가 아무리 남자들이 할 수 없는 큰일을 눈 하나 깜박이지 않고 해치운 여자지만, 그래도 여자의 섬세함까지 버리지는 못했는가 보다. 벌벌 떨며 수행하는 스님들이 가여워서인지 그녀는 내의를 하사했던 것이다. 물론 어떤 종류의 내의인지는 모르나 그 내의가 오늘날의 가사로 변했다고 하는 것을 보면, 요즘의 스님들이 입고 다니는 바지 정도에 해당하는 것이 아닐까 생각된다.

어릴 때 흙 장난질 할 때도, 냇가에 가 멱을 감을 때도, 집안일을 도울 때도 무조건 팬티 한 장만을 달랑 입고, 그러다가 이부자리에 그대로 들어가 골아 떨어지곤 했던 어릴 때 생각이 절로난다. 그야말로 부처님 시대 때와 다를 바가 없던 1960년 대 이전의 우리나라가 이제 이만큼 살게 됐다고 하는 것은, 그야말로 개벽을 한 것이나 다름없는 일이다. 최소한 1960년대 이전까지의 우리는 모두가 청빈의 상징인 구도자가 아니었을까?

단위 單位

'단위'라는 말은 산업혁명 이후 '통계'라는 말이 모든 경제지표의 중심이 되면서 이를 지탱해 주는 용어로써 가장 각광을 받으며 인류세계를 지배해온 용어이다. statistics(통계)라는 말에서 state(국가)라는 말이 유래되었을 정도로 통계라는 말은 모든 서양의 국정을 뒷받침해주고, 동시에 통치자들의 권위를 지탱해 주는 대표적 정치용어였다. 이러한 통계라는 말을 형성시켜주는데 가장 필요했던 용어가 '단위'였던 것이다.

사전에서는 단위의 뜻으로 "길이·무게·수효 등을 헤아리는 기준이 되는 분량의 표준". 혹은 "모든 사물의 비교·계산의 기본이 되는 것", 또는 "조직을 구성하는 기본적인 집단", "학업의 연수年數를 헤아리는 기준" 등으로 해석해 주고 있다. 이러한 차원에서 요즘에는 경제단위, 국제단위 등 여러 용어로 확대 사용되고 있다. 중국에서는 정부나 회사 등의 조직기구를 단위라고 부르고 있는 실정이다.

그런데 이러한 단위라는 용어는 서양에서 시작된 것이 아니라 바로 불교에서 시작된 용어라는 점을 알아야 할 것이다. 즉 절에서 각자의 이름을 적은 종이를 '단單'이라고 하는데, 이 단을 붙인 장소가 '단위'였던 것이다. 이 단위의 크기는 반 평坪 남짓하며, 이를 차지하고 있는 자기의 자리를 말하는 것으로, 그곳에서 침식을 하는 자신의 주거지를 말하고 있다. 따라서 단위를 잃어버린다는 것은 자신의 존립 장소가 없어진다는 의미이다. 우리가 기도를 하러 가서 기도를 마치고 자신이 누울 만큼의 면적 그것이 단위인 것이다. 이런 단위를 가지는 것으로써 충분히 만족을 하련만 요즘은 두 내외가 살면서도 90평이 넘는 대궐 같은 아파트에서 사는 사람들을 보면 두 사람이서 180명의 자리를 차지하고 있는 셈이 되니 이는 너무 지나친 욕심이 아닐까 한다. 내 돈 가지고 내가 사는데 무슨 참견이냐는 욕을 먹을 지언 정 과연 그들이 현실과 미래를 보고 사는 사람들인지 그 후과를 어떻게 이겨낼 것인지 걱정이 되어서 하는 말이다.

대중 大衆

　언제부터인가 우리들은 '대중'이라는 용어 대신 '민중'이라는 용어를 쓰게 됐다. '대중'이라는 말을 쓰면 보수적인 냄새가 풍기는 것 같아서 남들로부터 곁눈질 당하는 느낌이 들기 때문일 것이다. 이처럼 민중이라는 말을 쓰지 않으면 안 되는 것 같은 기분이 드는 것은 왜일까? 그야말로 시세에 따르지 못하면 왕따 당하는 그런 논리에서일까? 한 때는 김대중 씨가 대통령 선거에 나섰을 때 프랑카드에 쓰여 진 "이번에는 2번, 대중은 김대중"이라는 글귀가 아직도 생생한데, 그때만 해도 먼 옛날이 돼 버린 것이다. 요즘 같으면 이런 말을 썼다가는 표가 떨어질지도 모를 것이다.

　그렇지만 대중이라는 말은 아주 고귀하고 소중한 말이다. 대중의 원래의 의미는 많은 스님들, 즉 불교 교단을 구성하고 있는 비구·비구니·우바새·우바이(혹은 비구·비구니·사미·사미니) 등 사부대중을 지칭하는 말로 "법회에 참석하는 모든 이들"을 총칭하는 말이다.

산스크리트어로는 'mahāsamgha'라고 하는데, 경전에서 가장 많이 사용하고 있는 "부처님께서 대중들에게 말씀하시길....."에 나오는 그 대중의 원어이다. 이러한 대중이라는 명사가 시사하는 바는 상당히 크다고 하겠다. 과거 전제시대 때에는 일부 귀족계층이 모든 사회를 장악하고 이끌어 나가는 상황에서 대중은 그저 착취의 대상이었고, 또한 그러면서도 절대복종만을 강요당하는 그런 약자였다. 그러나 불교가 갖는 '자비사상'은 이들 대중을 그대로 버려둘 수가 없었다. 그렇게 해서 이들 대중을 구원하기 위해 나타난 것이 부처님께서 열반에 드신 지 100년 후에 나타난 대중부였다. 즉 모든 중생에게는 불성이 있어 누구나가 부처님의 말씀을 따라 실천한다면 깨달음을 얻을 수 있고, 중생은 평등하다는 점을 강조하며 나타났던 것이다.

이에 대해서 전통과 형식적 계율을 중시하고 수행 위주의 생활을 하던 무리를 상좌부라고 했다. 이런 불교계의 분열시대를 부파불교시대라고 한다.

이러한 부파불교시대를 500여 년간 거치면서 대중부의 이념을 바탕으로 발전하여 등장한 것이 대승불교이다. 그런 면에서 대승과 대중은 일맥상통하는 바가 있다고 할 수 있다. 그리고 이러한 대승불교는 동아시아지역으로 전파되면서 급속한 발전을 이루어 각국 대중들의 지친 삶을 어루만져 주는 귀의처로 작용하게 되었다. 그런 점에서 불교는 이미 많은 역사적 공헌을 해 온 종교라고 평할 수 있는 것이다. 그러다가 너무 세력이 방대해 지는 바람에 정치권의 탄압을 받아 의기소침해 있는 가운데 서양으로부터 기독교가 들어와 경쟁하게 되었고, 기타 다른 종교들도 민주화와 더불어 활발하게 전도되는 가운데 불교의 공헌은 제대로 평가되지도 못한 채 오늘에 이르고 있는 것이다.

오늘날에 이르러 불교의 대중화 운동이니 대중불교 운동이니 하는 것을 보면 너무나 격세지감을 느끼게 된다. 왜냐하면 불교는 이미 대중 속에 너무나 크게 잠재의식화 되어 있기 때문이다. 다만 그러한 잠재의식을 끄집어 내지 못하고 있을 뿐이다. 그렇기 때문에 불교가 앞으로 나가야 할 방향은 이러한 잠재적 불교 가치를 어떻게 이끌어내야 하는가에 있다. 그러기 위해서는 사부대중이 간격을 보다 좁히고 서로 얼굴을 맞대고 연구하며 실천운동에 참여하는 길 외에는 달리 방법이 없다고 본다. 불교의 원 모습인 대중 불교, 즉 대승불교가 원 뜻을 다시 세우는 날 인간의 행복과 평화는 찾아오게 될 것이다.

도구 道具

인간이 도구를 사용한 시기는 수백 만 년 전부터의 일이다. 그러나 이는 인간이 자연생활에 적응해 가는 가운데 뇌의 발달과 함께 물리적·육체적 생활을 위한 필요성에서 만들어 낸 지혜였을 뿐, 자신의 수양을 위해 오히려 도구의 사용을 극단적으로 자제하는 그런 경지에서의 도구는 아니었다. 그러나 점차 인간 사회의 발달과 그러한 과정에서 나타나는 여러 부정적 현상에 관심을 갖게 되는 현인들이 나타나면서 서서히 도구는 인간을 황폐화 시키는 부정적 요소로써 보기 시작하게 됐던 것이다. 즉 끊임없는 인간의 사치욕을 유발시키고, 점점 더 편리성만 추구하게 하는 대상으로 간주하게 됐던 것이다. 이러한 인간의 욕구를 억제하고 인간 본연의 자세로 돌아가기를 원했던 부처님께서는 수행자들에게 그런 마음을 없애버리기 위해서 수행과정에 필요한 최소한의 도구만을 사용하도록 규정하셨다. 이처럼 도구라는 원래의 뜻은 수행하는 승려들이 수행할 때 사용하는 물건을 도구라고 했던 것이다. 이러한 도구는 남녀에 따라 소승과 대승 승려에 따라 각각 달랐으니, 3의衣·6물物·18물物·101물物 등이 그것이다. 3의는 불법에서 규정한 3종류의 복장인데, 법의·법복(승복)·승의僧衣를 말한다. 3의는 남자 수행승비구의 도구이고, 여자수행승인(비구니)의 경우는 달랐다. 즉 3의에 2의를 더해 5의를 갖춰야 했다. 이 3의와 5의를 합쳐서 7와랍瓦拉(civara)이라 총칭했으며, 또한 이름하여 가사袈裟(kāsā)라 했는데, 그 색깔은 지금과 같은 혼탁한 색이었는지는 아직 밝혀지지 않고 있다.

그러나 이 3의와 5의는 동아시아로 불교가 전해지면서 기후와 풍토에 따라 약간 차이가 나게 됐는데, 내의 즉 내포內袍와 가사를 모두 합쳐 법의法衣라고 부르고 있다.

6물物은 소승불교의 수행자들이 필수적으로 휴대하는 생활용구인데, 삼의三衣·발우[鉢](pātra, 정식명칭은 鉢多羅로 일종의 식기)·좌구坐具(앉거나 누울 때 바닥에 까는 장방형의 방석이나 요 같은 것)·녹수낭漉水囊(물을 마실 때 물 속의 이물질, 특히 생명이 있는 벌레 등을 걸러내기 위한 주머니, 혹은 수낭水囊즉 형겊으로 된 물주머니를 말하기도 함) 등이 그것이다.

이러한 용구는 자신이 임종할 때 옆에서 자신을 간병하는 사람에게 물려주는 것이 기본적인 전통이었다. 이들 중에서도 가장 필수적인 것이 3의와 바라였다. 이름하여 '3의 1발' 인데, 선종에서는 전법傳法할 때에 제자에게 이 '3의 1발' 을 전수해 주는 것이 관행이다.

이에 대해 대승불교에서는 18물이 필수 휴대품이었다. 『범망경』에는 수행을 할 때 필요한 물건을 이 육물에다 12개를 더 해 18가지로 규정하고 있다. 즉 양지楊枝(이쑤시개)·조두澡豆(비누 대용의 팥으로 만든 분말)·석장錫杖(벌레 쫓는 지팡이)·향로(물병)·도자刀子(머리를 깍거나 손발톱을 깍는 작은 칼)·수건·부싯돌·섭자鑷子, 쪽집게·승상繩床(들고 다니며 앉을 수 있는 작은 의자)·경전과 계본·불보살상 등이다.

101물은 이상의 3의·6물·18물 외에 각종 생활용구를 합친 것을 말하는데, 그 숫자가 101개가 반드시 된다는 말이 아니다. 즉 모든 물건을 총칭하여 그것을 숫자화 한 것에 불과하다. 그러나 기본적으로 필요한 물건이 2개가 된다거나 혹은 숫자적으로 더 많아 나머지가 되는 것을 장물長物이라 한다.

가지 수를 따지고 보면 꽤나 될 듯하지만, 가만히 보면 조그마한 것들이라 별로 눈에 띠지 않는 가지고 다니는데 아무런 불편이 없는 것들이다. 우리가 평상시 가지고 다니는 것들과 비교해 보면 얼마나 보잘 것 없는 것들인지 알 수 있을 것이다. 이들 도구는 "선지식이 일체의 도에 이르는데 도움이 되는 도구"라고 하여 수행자가 탁발 걸식을 하거나 구도를 위해 먼 길을 다닐 때 없어서는 안 되는 중요한 수행도구였다.

예전이나 지금이나 먼 거리를 여행할 때 몸에 값진 것들을 많이 지니고 다니면 얼마나 불편하고 불안해 할 것인가? 부처님께서는 그런 마음을 버려야만 구도를 하는데 도움이 된다고 생각하셨고, 또 누구에게도 해코지를 당하지 않을 것이라 생각하시어 이렇게 정하셨던 것이다.

물욕은 모든 욕심의 근본이다. 그것으로 인해 인간이 타락하고, 그것으로 인해 온갖 사회적 불안감이 팽배해 지는 악덕 중의 악덕이라 할 수 있다. 그러나 자본주의 시대에 살고 있는 우리기에 편리성과 지배성에 도취되어 자꾸만 물욕을 앞세우곤 한다. 그럴 때마다 우리는 이런 수행자들이 필수적으로 가지고 다니는 도구를 생각해 보자. 그러면 스스로 이런 물욕들을 물리칠 수 있을 것이다.

따라서 도구라는 것은 인간생활에 필요한 실질적인 도움을 주는 공구적 개념이 아니라, 우리를 정화시키고, 우리를 물욕으로부터 벗어나게 하는 수양적 공구로서의 도구가 진정한 도구라는 의미이다. 그런 도구들을 우리는 챙기고 아끼고 항상 지니

면서 마음의 거울로 삼아야 할 것이다. 그것이 바로 깨달음을
얻을 수 있는 지름길임은 말할 것도 없는 것이다.

방편 方便

"거짓말도 방편"이라는 말이 있다. 거짓말이 좋을 리야 없지만, 일을 원만하게 수습하고, 방황에서 빠져나오게 하기 위하여 때로는 필요한 경우도 있다는 정도의 의미일 것이다.

'방편'은 upāya(우파야)를 번역한 말인데, 다가서다, 도달하다, 교묘한 수단이나 방법, 편의적인 수단과 방법이라는 의미를 가진다. 부처님이 중생을 깨달음의 길로 인도하기 위한 수단으로서 설법하신 가르침의 의미이며, 진실에 의하여 뒷받침된, 부처님의 중생 교화의 방법·작용을 방편이라고 할 수 있다.

인간 하나 하나의 기근機根, 즉 성질과 능력은 결코 한결같지 않다. 제각기의 기근에 따라서 가르치고 이끌어 주시는 부처님의 지智를 방편지方便智라고 하며, 그 작용을 선교방편善巧方便이라고 한다. 불교에서 방편은 거짓말이 아니며, 온갖 인간을 깨달음으로 인도하는 뛰어난 교화 방법이며, 부처님의 가장 구체적인 활동이다. 온갖 수단을 동원하여 사람들을 진실 된 불법의 길로 끌어들이는 것을 방편인입方便引入이라고 하며, 진실의 길로 들어서게 하기 위하여 설법한 가르침을 방편가문方便假門이라고 하는 것이다.

방편에는 또한 모든 형形과 상相을 초월한 궁극적인 진리로서의 다르마[法]가, 사람들을 구제하기 위하여 스스로 형상을 취하고 활동하는 모습을 의미하는 경우가 있다.

방편은 진실에 대한 거짓을 의미할 뿐만 아니라 진실 그 자체의 움직임이다. 아미타불도, 나무아미타불도 우리를 여래의 진실계眞實界에 있게 하려고 활동하는 방편법신方便法身, 즉 구체적인 상相으로서 모습을 드러낸 부처님 그 자체이다. 방편은 속세에서 활동하는 부처님의 지혜이며, 무명을 타파하여 광명의 세계로 나가게 하는 지혜의 작용이다. 그렇기 때문에 부처님의 대비방편大悲方便으로 눈을 떠서 진실의 세계에서 살아가는 존재가 되어야 할 것이다.

『법화경』「방편품」에서 부처님은 "내가 부처가 된 다음부터 각가지 인연과 각가지 비유로 중생에 설교하여 무수한 방편을 얻었는바 중생이 원래 가지고 있는 고집을 버릴 것을 인도하였다"고 말했다. 경에서는 '방편'에 대하여 많은 해석이 있다. 예를 들면, "도리가 정당하다면 그것은 '방'이요, 말이 묘하면 그것은 '편'이라 한다"라든가, "중생이 인연이 있는 구역을 '방'이라 하고 여래가 중생을 교화하는 것을 '편'이라 한다" 등이 그것이다.

천태종은 『법화경』이 말하는 주요한 핵심이 "임시적인 것을 펼쳐서 실질적인 것을 보여주는 것"이라고 인식하여 지자대사智者大師는 "방편의 문을 열어 진실의 진상을 펼치다"라는 말을 했다(『법화경문구法華經文句』 권3). 즉 이처럼 "선한 방식으로 법을 설교하는 것"을 "방편의 문을 연다"라고 했던 것이다. 『경덕전등록』 권21에도 "뭇 사람들이 다 운집하게 되자 지자대사를 청하여 방편의 문을 열어 진실의 상을 펼치었다"라고 기술하고 있다. 이처럼 사부대중이 인식하고 이해하기 어려운 문제를 방법을 들어 일깨워준다는 식으로 불교는 '방편'을 사용하고 있는 것이다.

그러나 후에는 기회를 제공하여 편리하게 하는 것을 '방편'이라고 이용하게 되었다. 당나라 백거이白居易의 『사원의 꽃』이라는 시에서는 "자세히 보니 화엄의 불씨를 방편의 바람이 불어와 지혜의 꽃을 피우도다"라고 했고, 당나라 한악韓偓의 「우연히 본 것이 있어」라는 시에서는 "자그마한 붉은 편지지에는 한恨 맺힌 말이 들어 있으나 심부름하는 아이와 이야기 하니 편하게 되었다"라고 했다. 이처럼 '방편'을 하나의 편리한 방법, 도구 등으로 인식하게 되었음을 볼 수 있다.

부속 附屬

공항에서 좋아하는 위스키를 사려다가 그만 사은품에 현혹되어 마시지도 않던 술을 사는 바람에 집에 와서 후회하는 경우가 종종 있을 것이다. 필자도 그런 사람 중의 하나였으니까. 이처럼 사은품 부속품에 현혹되어 자동차나 컴퓨터, 게다가 쓸모없는 통신판매품을 지금도 계속 사고 있는 사람은 부지기수일 것이다. 그렇게까지 극단적이지는 않더라도, 부속품에 현혹되는 것은 어쩌면 인간의 본성일지도 모른다.

'부속'이라는 것은 부속품이라는 말이 시사하듯이, 주된 것에 딸려 있는 물건을 지칭하는 것이 일반적인 개념이다. 수험생을 가진 부모라면 대학의 부속 중고등학교를 연상할지도 모른다. 그런데 이러한 '부속'이라는 말도 원래는 불교용어이다. 이와 같은 개념으로 불교에서는 '촉루囑累'라는 어려운 말도 쓰고 있다. 부처가 가르침을 유포하는 사명을 부여하고 맡기는 것을 바로 부속이라고 한다.

『무량수경』 하권에는 석가모니불이 미륵보살에게 본원염불의 교설을 전할 것을 맡길 때 이를 '미륵부속彌勒付屬' 이라고 칭했다. 이때부터 스승이 제자에게 불법의 심오한 뜻을 전수하고, 이를 후세에 전하도록 맡기는 것을 '부속' 이라고 칭하게 되었다.

이처럼 부속은 사은품이나 부속품이 아니라 본체 자체를 맡기고 주는 것을 의미하는 말이었다. 그야말로 부속이라는 것은 중요한 알맹이를 내포하는 말인 것이다. 그렇게 생각하고 세상을 둘러보면, 본체 같지만 사실은 무의미한 것, 부속 같지만 사실은 본체를 갖추고 있는 것이 얼마나 많은지 모른다.

주된 것과 부속은 원래부터 하나이다. 우리가 후세에 부속해야 하는 것은 무엇인가? 다시 한 번 생각하지 않으면 안 될 것이다.

비밀 秘密

"누구에게나 비밀은 있다"라는 영화제목처럼 지위가 높건 낮건, 돈이 많건 적건, 남녀노소를 불문하고 누구나 비밀은 가지고 있는 듯하다. 아무리 비밀이 없다고 부정을 해도 그런 사람일수록 비밀은 많게 마련이다. 그런데 묘한 것은 비밀이라면 누구나 알지 못해야 할 소식인데도 어떻게든 그러한 비밀이 세상에 알려진다는 것이다. 그만큼 비밀은 지키기가 어렵다는 말일 수도 있다. 어쨌든 비밀을 많이 가지고 있다는 것은 그만큼 세상살이를 어렵게 한다는 말일 것이다. 그렇기 때문에 정직하게 살라는 것이 세상을 살아가는데 편하다는 말의 대변일지도 모른다는 생각이 든다. 일단 마음이 편해야 살맛이 있는게 아닌가 말이다.

그래서 불교에서는 우리가 인식하고 있는 나만이 알고 간직

한다는 의미에서 비밀이라는 말을 사용하는 것이 아니라 부처님의 가르침이 심오하므로 그 심오함을 존중하는 뜻에서 비밀이라는 용어를 사용하고 있는 것이다. 즉 남들이 쉽게 이해하는 것은 비밀이 아니라는 말이다. 다시 말해서 남에게 말을 해도 그 뜻이 모르는 것이 바로 비밀이라고 보았던 것이다. 이처럼 알려주면서도 모르는 것이야말로 비밀이 아니고 무엇이겠는가?

한마디 벙긋하면 다 아는 사실을 비밀이라고 해서 혼자 갖고 있어봐야 어느 순간에 탄로 나게 되는 누구나 다 아는 사실을 비밀이라고 "이는 너에게만 말해주는 비밀이야"하며 방정을 떠는 대다수의 인간들은 결국 부처님의 말씀을 깨닫지 못하는 불쌍한 중생으로 남을 수밖에 없는 것이리라.

산스크리트어로 비밀은 'guhya'라고 하는데, 이는 곧 가르침의 내용과 설교 방법에 관한 말이라는 뜻이다. "부처님의 가르침은 심오한데, 그런 경지와는 거리가 먼 범부에게는 이해하기 어려운 것, 혹은 그와 같은 심원한 가르침을 뜻하는 말, 또는 부처님이 그 가르침을 우화적으로, 또는 은유적으로 설법하는 것 이것이 바로 비밀인 것이다.

불교를 신앙하는 신도라면 이러한 부처님의 비밀을 캐는 탐정이 되어야 비로소 진정한 신앙인이라 할 수 있을 것이다.

상사 · 중사 · 하사
上士 · 中士 · 下士

군대의 계급 용어인 상사 · 중사 · 하사가 어떻게 해서 붙여지게 됐는지는 잘 모르겠으나, 이 말의 원래 뜻은 불교에서 비롯되었다. 불교에서는 상사를 보살을 의미하는데, 자신을 위해 수행하고 다른 이의 이익을 위해 행동하는 '자리이타自利利他'의 생각을 가지고 있지 않은 자를 하사下士라고 한다. 또 자신의 해탈만을 추구하고 타인을 구제할 뜻을 내지 않는 이를 중사中士라고 한다.

이에 대해 상사上士는 자리이타의 정신을 지녀 이웃을 함께 구제하려는 보살정신을 가진 자를 말한다.

보살에는 깨달아서 아는 정도의 깊음과 얕음에 의해 그 계급을 52개의 등급으로 나누고 있다. 예를 들면 대사大士(마하살타) · 개사開士(보리살타) · 초사超士 · 성사聖士 등 많은 이름이 있다.

　"항상 무익한 사람을 피하고 어리석은 자와 가까이 말라. 어진
벗을 생각해 따르고 상사와 가까이 지내라"

「법구경」

　이처럼 쓰이는 상사는 '뛰어난 존재' '최상의 사람'이라는 의
미를 지니고 있다.
　한편 여래십호如來十號라고 해서 부처님을 부르는 열 가지 이
름 가운데 '무상사無上士'라는 용어도 있다. 'anuttara'의 번역
으로 아뇩다라阿耨多羅라고 음역되는 무상사는 존재하는 것 가
운데 제일 높은 어른, 그 이상 위가 없는 분이라는 뜻이다.

상 속 相續

상속의 의미는 "뒤를 잇는다. 일정한 친족적 신분관계가 있는 사람들 사이에서 그 한쪽이 사망하거나 일정한 법률상의 원인이 발생하였을 때 재산권이나 의무 일체를 이어받는 일"이라고 사전에는 쓰여 있다.

이러한 상속의 원래의 뜻은 "항상 변화하는 연속적 개체"라는 뜻으로, 산스크리트어로는 'samtāna'이다

"저 곡식의 씨로부터 싹이 나오고, 싹으로부터 줄기와 잎 따위가 상속하고, 이 상속으로부터 열매가 생겨나는 것과 같으니, 씨를 떠나서는 상속하여 열매가 생길 리 만무하다"

「중관론中觀論」

원인은 결과를 낳고 결과는 다시 원인이 되어 또 다른 결과를 낳아, 원인과 결과가 차례로 연속해서 끊어지지 않은 상태 그것이 바로 상속이다.

불교용어 가운데 사람의 죽음 혹은 등불이 꺼지듯이 한동안 상속하던 법이 결국 없어지고 마는 것을 '상속무상'이라 하고, 연속적으로 일어나 단절됨이 없는 것을 '상속부단相續不斷'이라고 한다. 외부의 객관적인 대상에 의해 어리석은 망념으로 언제나 집착이 상속해 끊어지지 않는 식을 '상속식'이라 하며 오로지 아미타불만을 생각하며 쉴 새 없이 계속하는 것을 '상속심'이라고 한다.

상호 相互

중국에서는 '상호'를 '호상'이라고 한다. 연변의 조선족이나 북한에서 '호상'이라고 쓰는 것도 다 중국어 덕분이다. 그런데 우리는 상호라고 쓰고 있다. 아마도 일본어의 영향을 받아서 일 것이다. 그러나 일본은 상호를 일반적으로는 '호互' 자만을 써서 '다가이たがい'라고 읽으며 사용하고 있다. 동아시아 여러 나라들이 각각 달리 쓰고 있다는 점이다. 그러나 그것이 의미하는 바는 모두 다 같다. '서로서로'를 의미하는 것이다.

그러나 불교에서 사용하는 상호의 뜻은 완전히 다르다. 산스크리트어로 상호는 'laksana'와 'anuvyanjanañ'의 합성어이다. 즉 '32상相 80종호種好'의 합성어인 것이다. 부처님의 몸은 일반인과 다른 훌륭한 형상을 갖추게 되는데, 그 가운데 눈에 띄게 두드러지는 것을 32상으로 구분하고, 미세하여 보기 어려운 것을 80종 호로 나눈다. 이러한 내용을 가진 두 개의 단어를 합쳐 만든 것이 바로 '상호'라는 말이다.

32상은 전륜성왕도 갖추고 있으며 80종 호는 보살에게도 있다. 부처님께서는 과거세 백대겁 사이에 특히 '상호업'을 닦으셨기 때문에 금생에 성호를 성취하셨다고 한다. 32상 가운데 몇 가지를 꼽아 본다면,

"발바닥이 땅 밑에 밀착하고, 눈동자가 감청색이며, 머리 정상의 살이 상투모양으로 융기했으며, 미간에 흰 털이 있는데, 평소 오른 쪽으로만 말려 있지만, 펴면 한 길 다섯 자나 되고, 눈썹 끝이 둥글고 원만하며, 치아는 마흔 개, 최상의 미감味感을 지니고 있으며…"

등이다.

미세하고 은밀해 알 수 없다는 80종 호의 대강은 다음과 같다.

"손과 발이 원만하고 보드랍고 깨끗하고 광택이 있으며, 걸음 걸이가 반듯하고 자늑자늑하여 코끼리 같을 것, 몸과 팔다리가

견고하고 탄탄하여 잘 연결되어 있으며, 목소리가 짙고 웅장하고
위엄 있게 떨치는 것이 사자와 같이 맑을 것, 용모는 보는 이마다
사랑하고 공경하는 마음을 자아내게 하며, 중생을 평등하게 보아
착한 일은 칭찬하고 악한 일은 나무라지만 치우쳐 사랑하거나 미
워함이 없으며…"

등이다.

이러한 상호에 근거를 두고 불상을 제작하기 때문에 우리들
이 예배 올리는 부처님의 모습은 한결같이 '원만지족'한 상호
를 지니고 있는 것이다.

서거 逝去

'서거'라는 말은 장례식의 조사弔辭와 조전弔電 등에서 "서거를 애도하며 삼가 조의를 표합니다"라고 인간의 죽음을 애도하는 존경어로서 사용되고 있다. 죽음을 어떻게 생각하는가에 대해서는 생사관과 종교의 차이에 따라 다양하다. 죽음은 모든 인간에게 예외 없이 찾아오는 사태이지만 경험하고 실증하는 것이 불가능한 일이기도 하므로, 죽음에 대한 사색은 사후의 세계를 상상하는 신비주의에 빠지든가, 그렇지 않으면 "죽고 나서의 일은 죽어 보지 않으면 모른다"고 하는 실증주의에 빠져 사고가 정지하든지 어느 쪽이 될 것이다.

"죽음 체험"이라는 유행어처럼 된 말이 있다. 그것은 아름답고 편안한 사후를 연상시키는 것으로서 사람들에게 사후에 대한 불안을 해소시켜 주는 역할을 하는 듯이 보였지만, 결국 죽음 자체는 아니었으며, 신비주의와 실증주의로부터 외면당하고 있는 듯하다. 하지만 죽음은 반드시 찾아온다. 죽음에 어떠한 의미를 부여하지 않으면 납득하지 않는 것이 인간의 업이다. "죽음은 재생을 향한 출발점이다"라든가, "무엇이든 쓸모 있는 죽음이 되고 싶다"는 등 각양각색이다.

그러나 불교에서 죽음이란 '서거'이다. 서거하는 것을 '입멸'이라고도 하고 '열반'이라고도 한다. '무량무수無量無數'의 인연에 따라 단지 지금 이 순간의 목숨이 붙어 있다는 연기의 사실에 대한 자각을 기본으로 하는 불교에서는, 다만 지금의 나를 나답게 하는 모든 인연이 사라지고(서거하고) 적멸한 것이 죽음이다.

'입멸入滅(멸에 들어감)'이란 나를 나답게 하는 모든 인연이 사라졌다는 것이다. '열반'이란 '소멸'이라는 의미이며, 인연에 따라 생사의 세계에서 살았던 목숨이 적멸한 것을 가리키는 말이다. 불교에서 죽음이란 벼랑으로 부딪쳐 올랐던 파도가 깊고 넓고 끝없는 바다로 돌아가는 것처럼 고요한 본래의 세계로 돌아가는 것이다. 열반인 죽음은 정적이며, 의미 부여가 필요 없는 세계이다.

수속 手續

　‘수속手續’이란 단어는 밀교와 관련이 있는 단어다. 밀종의 여러 경에 이 단어가 나온다, 밀종의 수련은 순서를 아주 중히 여긴다. 각 가지 수련 방법은 그에 한한 가행, 정행, 후행이 있는데 이것이 바로 수련순서이다, 티베트에 전해진 밀종은 ‘생기순서’, ‘원만순서’, ‘광명순서’, ‘대원만순서’로 되어 있다. 이 모든 것은 밀종을 수련하는 순서인바 밀종은 점진수련을 강조한 것이다. 순서를 뛰어 넘어 수련하는 것은 엄금되어 있으며 이 순서를 위반하였다면 이를 3매야違三昧耶’라 하여 “계율을 위반한 것”으로 정한다, 모든 등급에 따라 또 동작 순서가 있는데 이를 ‘수속’이라 한다 . 밀법 필사본에 “수속에 대하여 문의한다”는 구절이 자주 나오는데 작은 범위의 순서를 ‘수속’이라 한다면 큰 범위내의 수속을 ‘순서’라 말할 수 있다. ‘속’은 계속한다, 이어받는다는 뜻이 있다.

밀법 수련에서는 '3밀상응三密相應'을 중시한다. 그중 '신밀身密'이라는 것은 곧 수인手印을 매듭짓는 것이고 그 뒤의 동작이 수속이다. 이로서 수속은 밀종의 의식규정과 관련이 밀접하다는 것을 알 수 있다. 밀종은 당나라 때 중국에 전입되었다. 얼마 뒤 일본의 유학승려 공해空海와 최징崔澄이 밀종을 일본에 전수하였다. 이에 따라 공해(홍법대사)는 '동밀'이요, 최징(전교대사)은 '대밀'이라는 두 밀종 계통이 창설되었다.

'수속'이란 단어는 밀교의 전파에 따라 널리 보급되었다. 현재 일본의 각 사전을 찾아보면 '수속'이란 단어를 모두 수록하고 있다. 일본어에서는 '수속'을 '수통'이라고 썼다. 중국 고전에서는 '수속'이라는 단어를 쓴 일례를 찾아볼 수가 없다. 이로 미루어 볼 때 '수속'이란 단어는 일본어에서 전화된 것이라 보인다.

『중화대사전』 '수속'이라는 항목에는 이렇게 해설하고 있다. "수속이란 일본에서 일을 보는 순서를 뜻한다. 이를테면 민사소송법, 형사소송법 등은 수속법이다. 우리나라에서는 이를 순서라 한다". 이것이 수속이란 단어의 사전 풀이다.

한국 독립운동지사들의 행동을 주제로 소설을 많이 쓴 당대 중국의 대표적인 소설가인 파금巴金의 『신생, 5월 26일』이라는 소설에는 "무엇 때문에 체포하는 수속을 밟지 않고 이처럼 납치 행위를 취하는 것인가?"라는 내용이 있다. 아마도 일본의 영향이 아닐까 한다.

습관 習慣

'습관'이라는 말은 장기간 양성되어 고치기 어려운 행위와 언어, 그리고 의향 등을 지칭한다.

송나라 소식의 시에 이런 구절이 있다. "동파는 습관을 고치지 못하여/ 장편을 다시 초서로 쓴다." 육유陸游의 시 『초서시抄書詩』에는 "선비의 습관이 쌓이고 싸여/ 책만 보면 기쁨을 면치 못한다"라는 구절이 있다.

이처럼 '습관'이라는 말은 대체적으로 일상생활에서 부정적인 함의를 내포하고 있다. 이를테면 '관료습관'이라든가, '여행습관' 등이 그 보기이다.

'습관'이라는 말은 범어 Vasans에서 온 말로서 그 뜻은 "현행 번뇌가 오랫동안 지연되면서 형성된 갖가지 습관"을 지칭하고 있다.

당나라 규기窺基의 『성유식론술기成唯識論述記』 권2에는 이런 구절이 있다. "습관이라 하는 것은 현행행위를 중복적으로 반복하면서 형성된다". 그러면서 습관이 성숙될 때까지 연속하게 되면 생사 인과보응을 받게 될 것이라고 했다.

법상종은 번뇌의 '종자'를 제거하고 번뇌의 '현행'을 굴복시켜도 계속 번뇌의 습관이 남아 있게 된다고 인식하고 있다. '습관'은 번뇌의 정도가 약하긴 약하지만 이를 단절하고 제거하기는 쉽지 않은 일이라는 것을 의미해 주고 있는 것이다. 즉 "이승의 나한도 습관을 다 버리지 못하지만 부처님만은 습관을 완전히 버리시었다"고 하는 중국인 한 승려의 법어를 통해서도, 습관을 버리는 일이 얼마나 어려운 것인가를 알 수 있을 것이다.

시설 施設

시설이라는 말은 "만들어서 세우는 것"이라는 의미로부터, 일반적으로 공공사업이 행해지고 있는 건물, 그 중에서도 사회복지와 사법복지, 아니면 의료 등의 서비스가 행해지고 있는 사업체에 사용되는 경우가 많다. 최근에는 이런 시설들이 특히 충실해져서 그 위용 앞에 눈이 휘둥그레질 정도이다.

불교에서 시설이라고 하는 경우에 그 원어는 prajñapti(프라쥬냐프티)이다. '시설'은 '실물(진정한 것, 본래의 것)'의 반대어이며, 실재하지 않는 어떤 것을 임시로 있다고 설정하는 것이다. 그 본래의 의미는 "적극적으로 알게 하는 것"이다.

대승불교에서는 이런 것을 '언설言說'이라는 말로 표현하는데, 모든 존재는 임시로 존재하는 것이며, 사람이 독단적으로 이름을 붙인 환상에 불과하다고 한다.

선종에서는 스승이 수행승을 인도하는 수단으로 사용하는 것을 '시설'이라고 하는데, 이 용법이 오늘날의 의미에 가장 가깝다고 생각된다.

병원과 노인 요양시설에서는 죽음에 직면하고 있는 노인이 가정으로 돌아가 가족 속에서 죽고 싶다고 간절하게 호소하고 있는 모습을 볼 수 있다. 또 사법복지의 현장에서는, 이전부터 시설내처우施設內處遇를 대신하는 것으로서 '사회내처우社會內處遇'가 중요시되어 왔다. 최근에 유럽의 터미널케어 현장에서도 '재택在宅 호스피스'가 점차 주류를 이루고 있는 추세라고 한다.

물론 시설이 없어서는 안 되지만 어디까지나 수단이며 그릇에 불과하다. 그래서 어떻게 하면 인간 본래의 삶을 살 수 있는가 하는 문제가 중요하다. 역시 '시설 의존'이라는 현대 사회의 사고방식은 모든 것이 임시 설정된 존재라는 '시설' 본래의 의미로 돌아가서 다시 한번 반성해 볼 필요가 있다고 생각한다. '시설'이라는 말 자체가, 인간이 진정한 자기 자신을 보지 못하면 안 된다는 사실을 지금의 우리에게 가르쳐 주고 있는 것이다.

애교 愛嬌

중국 역대 황제들의 평균 연령이 15세라는 통계를 본 적이 있다. 따져봐야 할 문제지만 그들이 이처럼 짧은 인생을 살 수밖에 없었던 것은 결국 주변 여자들의 '애교' 때문이 아닐까 한다. 아무리 좋은 먹을거리, 좋은 집, 좋은 경치가 있다 한들 한두 번 먹거나 보면 신물이 나게 마련이다. 그러나 두고두고 보아도 질리지 않은 것이 있으니 바로 여자들의 애교이다. 물론 자기 스타일에 맞는 애교를 부릴 줄 아는 여성을 두고 하는 말이다.

그러나 '애교'의 본 뜻은 원래 남자에게 잘 보이려고 교태를 부리는 그런 여성의 모습을 표현해 낸 말이 아니라 불교용어인 '애경愛敬'이라는 말에서 변하여 나타난 말이다. 부처와 보살의 표정을 가리키며, 부드럽고 자비심이 깊어서 누구든지 경애의 마음이 들지 않을 수 없는 상을 애경상愛敬相이라고 하는데, 이는 다른 사람의 주의를 끌려고 억지로 좋은 표정을 짓는 그런 의미가 아닌 것이다.

'교언영색巧言令色' 처럼 겉치레에만 신경을 쓰고 내면의 덕을 충실히 하는 일에 노력하지 않는 자는 그릇된 인간이라는 공자님의 말씀이 이 말의 뜻을 잘 설명해 주고 있다. 세상의 모든 남성들에게 있어서 애교 있는 여성은 어쨌든 매력적이다. 다만 "보살 같은 모습에 야차 같은 마음"을 가진 여성도 있으니까 거듭 조심해야 할 것이다.

염색 染色

우리는 우리 민족을 백의민족이라고 자랑삼아 말하곤 한다. 하긴 흰색이 청결함과 의연함을 나타내 준다는 어릴 적 선생님의 설명을 들으며 나름대로 으쓱했던 경험을 누구나 가지고 있을 것이다. 그러나 사실은 염색하는 기술이 없거나 염색할 재료가 없어 그저 무명색 그대로 옷을 지어 입고 다녀야 했던 우리의 부족함을 늦게 서야 알고 쓴 웃음을 지었던 추억도 그냥 추억으로만 돌리기에는 뭔가 서운하다. 그렇다고 우리 민족이 바보만은 아니라는 사실을 알게 된 건 역시 불교의 가르침을 공부하고부터이다. 왜냐하면 우리 민족이 선경지명이 있다고 믿기 때문이었다. 왜 그런지 설명을 들어보자.

부처님께서 현존해 계셨을 당시 승려들에게 입힌 옷은 남들이 버린 옷이나 시신을 쌓아두었던 천들이 다였다. 그것도 조각난 것들을 꿰매어 입은 것들이 대부분이었다. 이렇게 만든 옷을 분소의糞掃衣·납의衲衣라고 했다. 부처님께서는 이들 옷에 대한 색깔도 정해주셨다. 색은 청·황·적·백·흑 등 다섯 가지 색과 비·홍·자주·녹·벽 등 다섯 가지 간색은 사용을 금지했다. 대신 황적색·진흙색·목란색木蘭色 등 세 가지 색으로 물들여 입도록 했다.

이처럼 출가자는 원색이 아닌 흐린 색으로 물들인 의복을 입는다고 해서 법의를 염의染衣라고 했다. 그래서 출가해서 삭발을 하고 염의를 입어 수행자가 되었음을 알리는 용어로 '삭발염의'라고 했던 것이다.

한국에서는 조선 후기 때부터 쥐색 계통의 염의를 입었고, 일본은 흰색과 검정색의 염의를 입고 있다. 이는 진달래의 부리나 물푸레나무를 숯으로 구어서 절구에 빻아 숯 물을 들이는데, 이를 치의緇衣 혹은 흑의黑衣라고 한다. 이런 치의를 입은 수행자를 치문緇門이라 하는 것도 이 옷의 색깔에서 연유하는 말이다.

흐릿한 빛깔을 '염색' 한 것이 변하여 '물들이다' 라는 의미가 되었음도 알아둘 필요가 있다. 이처럼 출가자들은 남들이 안 입는 조각난 헝겊을 모아 꿰매어 입어야 했기에 염색을 하지 않으면 청결성을 유지할 수 없었다는 점을 이해한다면, 우리 민족은 출가자는 아니었기에 호화찬란하게 물들이지 않고 구도하는 마음으로 백의를 입었다고 한다면 그야말로 현명한 민족이라고 아니할 수 없기에 또한 자긍심을 가져도 좋다는 말이 되는 것이다.

위도 緯度 · 경도 經度

'경經'이라는 말은 주지하다 시피 불경·성경 등 각각의 종교에서 가장 권위적인 서책을 일반적으로 지칭하는 말이다. 그러나 이 말은 일반적으로 우리에게 많이 사용되고 있는 지구의地球儀에서 사용하는 경도와 위도라는 말에서 잘 볼 수 있다. 따라서 일반적으로 '경'이라고 할 때 종교의 가장 권위적인 책을 의미하는 그런 의미가 사실은 이와 같은 '날실'과 '씨실'이라는 말과 연관이 있음을 엿볼 수 있는 것이다.

인도에서 사용하는 산스크리트어에 'sūtra'라는 말이 있는데, 이 말이 바로 '경'을 대신하는 말이다. 이 말을 직역하면 '날실縱絲'이라는 의미를 가지고 있음을 알 수 있다. 포목은 경사와 횡사(씨실)가 겹쳐져 짜이면서 만들어진다. 바로 이때의 날실이 바로 '경'인 것이다. 이에 대해 씨실을 '위緯'라고 한다.

지구의地球儀를 보면 날실과 씨실로 경도와 위도가 표시되어져 있음을 볼 수 있다. 즉 경도는 몇 도이고 위도는 몇 도라는 식으로 사용되고 있는 말을 의미한다.

불교가 등장하는 시기에 대해서는 여러 가지 설이 있는데, 일반적으로 기원전 430년경으로 보고 있다. 이 당시에 언어는 비록 있었지만, 문자는 이제 막 쓰여 지기 시작하는 시점이었다. 즉 산스크리트어가 문법적으로 체계화 되기 바로 직전이었다는 말이다. 따라서 문자와 언어가 있었다고까지는 할 수 있지만, 이를 대량으로 다른 사람에게 전달하기 위한 인쇄기술까지는 아직 없었던 단계의 시기였던 것이다. 물론 이 당시에는 종이도, 펜도, 먹물도 없었던 시대였다. 다만 패다라엽貝多羅葉이라고 불리 우는 큰 잎사귀를 가진 열대나무가 있었다. 이 잎에 못 같은 것으로 글자를 쓴 후 이를 말리게 되면 글씨가 표면에 떠오르게 되었다. 이런 패다라잎을 몇 십 장 겹쳐 쌓아 놓은 후 끝에 구멍을 뚫고 여기에 실을 꿰어 책처럼 만들었는데, 이를 '경'이라 했고 이를 인도 고대어인 산스크리트어로 'sūtra'라고 했던 것이다. 그러니 경도와 위도라는 말이 '경'이라는 말의 원류였음을 하나의 상식으로 알아두는 것도 재미있는 일이 아니겠는가?

유 통 流通

  지구가 작아졌다, 그런 식으로 생각할수록 외국과의 거리는
가까워지며, 정보에 관해서는 실제 시간으로 날아다닐 정도가
되었다. 이처럼 누구든지 편리함과 동시에 분주함을 느끼고 있
는 것이 현대의 모습이다.

  그런 속에서 '유통'이라고 하면 대부분의 사람들이 돈과 물자
가 왕래하는 것을 떠올릴 것이다. 하지만 원래는 돈 따위에 한
정된 것이 아니라, 사물이 흐르는 물처럼 널리 퍼져서 골고루
미치는 것을 의미한다.

  예를 들어서 경전을 해석할 때는 예로부터 세 부분으로 나누
어서 읽는 것이 관례였다. 즉 서분序分과 정종분正宗分, 그리고
유통분流通分이다. 유통분은 부처님의 가르침이 세상에 널리 전
파되는 것을 과제로 하고 있다. 요컨대 부처님의 가르침이 널리

퍼지는 것을 '유통' 이라는 말로 표현해 왔던 것이다.

『대무량수경』의 유통분에는 석존께서 자신이 입멸한 후의 세상을 간파하고 등불이 될 만한 가르침을 설법하고 있다. 그것은 고통으로 번민하고 있는 사람이 하나도 빠짐없이 살아온 즐거움을 되돌릴 수 있기를 바라는 소망을 담고 있다. 그 바탕에는 나라가 다르고 시대가 변해도 고뇌 때문에 번민하고, 서로 상처를 입히는 인간의 모습이 드러나 있는 것이다.

생각해 보면, 인간은 미래를 보는 눈이 없는 채로 언제나 눈앞의 일에 쫓기고, 지나치게 임기응변적으로 일을 처리해 왔다고 할 수 있다. 그 때문에 얼마나 많은 잘못을 반복해 왔는지 알 수 없을 정도다. 실수를 거듭하지 않으려면 자신의 잘못을 직시하고, 다음 세대에게 무엇을 전할 것인지 고민하는 것이 첫 번째 문제이다.

편리함과 물질적 풍요로움의 추구로 현대사회는 팽창해 왔다. 그와 같은 팽창이 터지기 직전인데도 여전히 부풀리려고 하는 것은 어리석은 일이다. 우리가 진정으로 유통시켜야 하는 것은 무엇인가? 그것을 생각할 시기가 되었다는 말이다.

유 희 遊戱

우리가 어릴 적에는 종종 '유희'라는 말을 부모님으로부터 듣곤 했던 기억이 있을 것이다. 그런데 요즘에는 유희라는 말이 다른 사람을 놀리거나 성희롱이라는 측면의 의미가 더 많아져서 그런지 잘 사용하고 있지 않다. 한자말이라 촌스러워서 더더구나 그렇게 됐는지는 모르지만, 유희라는 말 자체는 아주 점잖고 요란하지 않은 공동의 즐거움을 표현하는 말이라고 할 수 있다.

특히 불교에서는 자유자재로 아무 것에도 구속되지 않는 부처님의 행동, 부처님의 뜻대로 행하는 구원 작용을 이 말로 표현하고 있다. 즉 '유희삼매遊戱三昧(부처의 경지에서 올라서 아무 것에도 구속받지 않는 것)', '유희신통遊戱神通(부처님, 보살이 신통력으로 중생을 교화하고 스스로 즐거워하는 것)' 등이 그것이다.

어린 아이들이 즐겁게 노는 놀이를 보고 '유희'라고 하는 것은 바로 천진난만한 행동이 부처님의 행위와 상통하는 면이 있기 때문에 그렇게 불렀던 것이다.

어찌됐든 '호모 루댄스homo ludens(유희하는 인간-Johan Huizinga'인 인간에게 있어서 진정한 '유희' 정신의 확립은 우리 사회에 더욱 중요한 의미를 가지게 될 것이다. 댄스그룹이 추워대는 엉덩이춤, 시건방춤 등을 바라보며 그 외설적 모습에 빠져 좋다고 보는 사람들, 힙팝이라 해서 알아듣지도 못하는 소리를 벅벅 지르며 사람들의 흥을 부추기는 모습을 요즘 사람들의 유희라고 한다면, 과연 유희라는 말이 어울릴지 모르겠다.

이익 利益

사람은 끊임없이 자신의 이익을 추구하면서 살아간다. 이러한 현실 사회 전체를 이익사회라고 부르며, 거대한 이윤 추구의 기구가 되어 있다. 다양한 결합의 유대 관계가 이익적 관심에 놓여져 있고, 그것이 근대 사회의 기본적인 요소 중 하나가 되어 있다. 이른바 이윤과 분배, 요컨대 이익이 특별한 관심의 대상이 되어 있는 것이다.

종교에 있어서도 사람들의 기도에 응하여 이익을 가져다주는 것이 좋은 종교라고 생각하는 사람이 생겨났다. 사람의 기도에도 집단에서의 공동 기도와 개인적인 기도가 있다고 하는데, 예를 들어서 비가 오기를 바라는 것, 날이 개이기를 바라는 것, 돌림병이 낫기를 바라는 것이나, 만수무강, 가내 안전, 사업 번창 등 각양각색의 기도가 있다. 사람은 현실의 생활고에서 벗어나기를 원하는 마음으로 계속 기도하고, 그 혜택으로 주어진 은혜를 '이익'이라고 생각한다.

하지만 이익에는 자신이 이익을 얻는 것뿐만이 아니라 다른 사람을 이롭게 하는 것, 자비를 베푸는 것이 없으면 안 되는 것을 요즘 사람들은 모르고 있는 것이다. 이러한 잘못을 불교에서는 잘 지적하고 있다. 불교에서는 부처님의 가르침에 따라 얻어진 은혜를 자리自利·이타利他의 이익으로 나누어서 명백히 하고 있다. 스스로 이익을 얻는 것은 동시에 다른 사람들을 이익 되게 하는 것이어야 한다는 논리로 그것을 보살정신이라고 하며 이를 실천하기를 강조하고 있는 것이다.

부처님의 가르침에 따라 얻어진 이익은 금전이나 물질적인 이익이 아니라 스스로의 존재를 깨닫고 살아가는 자각자의 탄생이다. 석존께서는 탄생 때 일곱 걸음을 걸으시고 하늘을 가리키며 '천상천하유아독존天上天下唯我獨尊'을 외치셨다고 한다. 그것은 세상에서 자신이 가장 위대하다는 뜻이 아니라 스스로의 생명의 존엄성을 깊이 자각했다는 외침이었던 것이다.

그러한 석존의 말씀을 듣고, 가르침에 따라 자라면서, 우리도 또한 스스로의 생명의 존엄성에 눈을 뜨게 되는 것이다. 이러한 석존의 가르침이 가지고 있는 가장 깊은 의미로서의 이익은 개개인이 부처의 본원本願에 눈을 뜨게 되어 가장 존엄한 존재로

서 자기를 살리는 것이라고 할 수 있으며, 그리하여 스스로 타
인을 이익 되게 하고, 함께 살아가는 진정한 공생의 삶을 열어
가는 것이다.

인가 印可

'인印'이라는 것은 결정을 의심하지 않는다는 뜻이다. 따라서 '인가印可'라는 말은 바로 '허가'라는 뜻과 같은 것이다. "이 땅의 소유주임을 인가한다"거나 "대학 입학을 인가한다"는 말에 쓰이는 인가는 곧 허가한다는 것임을 알 수 있다.

그런데 불교는 보통 '3법인'이라 하여 세 가지 결정으로써 '불법佛法' 인가 아니면 '외도外道' 인가를 판별하고, 모든 '행위'는 '무상'한 것이며 모든 '법'은 '무아'이며 '열반'으로 '적정寂精'한다고 하여 '인가'하는 자체가 별 의미 없는 것이라 보고 있다.

그러나 일반적으로 우리가 사용하는 의미의 '인가'도 또한 사용하고 있다. 즉 불경에서 제자들의 언행이 정확한가, 정확하지 않은가를 감별하는 것을 부처님이 담당하여 그 가부를 말해주는 것을 '인가' 한다고 한다. 『우마힐경』「제자품」에서는 "만일 연회를 맞이하는 것처럼 정좌하여 기다리면, 부처님이 곧 제자로써 '인가' 하게 된다"라는 내용이 있다. 또 선문禪門에서는 수련하는 사람의 득도 여부를 '인가' 하는 것을 선사禪師가 담당하는데, 『5등회원』 권10에는 "처음에는 직접 교시를 하지 않았으나, 훗날 '화엄'을 독파하고 득도하여 승안承眼, 법안의 '인가'를 받았다"라는 내용이 있다. 또 선종에서는 직접 사람들의 마음에 이르러 찰나 간 득도하여 부처가 될 수 있는 '심인'으로써 수련하는 사람을 '인가' 하고 있다.

이처럼 부처님이나 조사가 제자들을 '인가' 할 때는 종종 "그래, 그래, 자네가 말한 것과 같네"라는 말을 하는 식으로 '인가'를 해주곤 한다. 이처럼 일반적인 의미에서의 인가를 불교에서도 사용하고 있음을 알 수 있다. 따라서 부처님이나 조사가 진실한 믿음을 '인가' 해 주는 그런 신도가 되도록 정진해야 할 것이다.

일미 一味

'일미'라는 말을 들으면 먼저 무엇이 떠오를까? 아마도 입 안에서 군침이 감도는 맛있는 음식이 생각날 것이다. 그러나 불교에서는 불타의 설법을 '일미'라고 한다. 부처님의 설법은 때와 장소, 상대방에 따라서 다양한 설교 방법을 쓰고 있지만, 본래의 취지는 변하지 않는다는 것을 의미한다.

부처님은 결코 출신이나 능력, 경력에 따라서 사람을 차별하지 않았다. 각자가 서로 어울려 조화를 이루면서 인생을 살아가는 길을 설법했다. 사람이라면 누구든지 무엇과도 바꿀 수 없는 유일한 존재라는 사실을 간파했기 때문이다.

이런 의미에서, 부처님의 말씀이 '일미'인 것은 우리가 원래 '일미'의 세계에서 살고 있기 때문이다. 불경에는 아무리 맛이 다른 강물이라도 바다로 들어가면 '일미'가 된다는 비유가 있다. 바다로 흘러 들어간 강물이 '나는 원래 아무개 강물이다' 라고 주장하지는 않는다는 말이다. 곧 '일미'의 바다를 자기 자신으로 여기고 있기 때문이다.

우열과 실용성 여부로 가치를 매김으로써 존재의 유일함을 보기 어렵게 된 오늘날 세상에서, 일을 할 수 있는지 없는지 하는 노동력의 유무만으로 인간을 평가하는 일까지 벌어지고 있다. 바로 인간의 이해타산만으로는 헤아리기 어려운 '일미'의 세계를 알지 못하기 때문이다.

이 세상에는 3천만 종이 넘는 생물이 살고 있다고 한다. 그 중에서 인류, 즉 호모사피엔스는 단지 한 종류뿐이다. 그 한 종류의 생물이 인종·민족·문화·종교 등의 차이를 주장하면서 다툼을 거듭하고 있다. 이것도 역시 '일미'의 세계를 알지 못하기 때문에 벌어지는 일이다.

좁은 세상에서 자기의 주장에만 몰두하지 말고, 드넓은 '일미'의 세계로 눈을 돌리는 것이 바로 이 세상에서 전쟁과 테러와 폭력을 추방하는 유일한 길임을 위정자들이 알아야 하겠지만, 바쁜 그들이 이 원대한 부처님의 뜻을 언제 깨달을 수 있을지 그것이 문제인 것이다.

입원 入院

　일반적으로 우리는 '입원' 하면 아파서 병원에 들어가는 것만을 생각하게 된다. 그러나 마음이 아플때, "어디로 가야하지?" 하고 물으면 대체로 정신병원이라는 대답이 나올 것이다. 사실 정신병원이라면 마음의 병을 고치는 것이 아니라 정신이 이상한 사람들을 고치는 곳임에도 대부분은 그렇게 대답할 것이라 추측한다. 왜냐 하면 마음의 병을 고치는 곳을 모르기 때문이다. 물론 최근에는 기도원 등을 기독교 재단에서 운영하고 있어 그런 곳을 찾는 사람도 많이 있지만, 그러한 병원 같은 곳에 가서 무엇을 치료하겠는지 참 답답하기 그지없다.

　그렇다면 마음의 고뇌 즉 늙음과 질병과 죽음 등 그 어느 누구도 피할 수 없는 존재의 과제를 정면으로 받아들이고, 그 고뇌에서 벗어나기 위하여 갈 수 있는 곳은 어디일까? 바로 그 출구를 예전 사람들은 절이라 보았던 것이다. 어떤 이들은 아예 출가하여 승려가 되기도 했는데, 이처럼 사찰로 들어가는 것을 '입원'이라고 했다.

따라서 병원에 들어가는 것이 입원이 아니라 고뇌로부터 벗어나려고 사원으로 들어가는 것이 '입원'의 올바른 의미이다. 그러나 요즘 세상에 승려가 된다는 일은 상당히 어려운 일로 여겨지고 있다. 따라서 정말로 '입원'할 것까지는 없고, 자신의 심신을 다스려 세상살이 고뇌로부터 벗어나기 위해 며칠간 명산대찰로 '입원' 여행을 떠나는 것은 괜찮지 않을까 여겨진다.

작업 作業

『잡아함경雜阿含經』에 이런 말이 나온다.

"내 출가의 제자와 재가의 제자는 '작업'을 하다가 실패하는 경우에 처하더라도 근심하거나 울거나 성내지 않는다"

여기서 말하는 작업은 "깨달음을 위한 수행"의 뜻으로 사용하고 있음을 알 수 있다. 이 말은 특히 정토교의 용어로 많이 쓰이고 있다. 왕생을 원하는 사람의 마음가짐이나 실천하는 방법을 바로 '작업'이라고 하기 때문이다.

구체적으로 설명하면, 정토교에서는 신행의 단계를 안심安心·기업起業·작업作業 등으로 나누고 있는데, 안심을 얻은 이후에 신身·구口·의意 3업을 통해 오념문五念門·오정행五正行

등을 수행하는 것을 '작업'이라고 하는 것이다. 이 '작업'을 잘 이루어야 신행의 결과를 얻을 수 있다는 말이다.

산스크리트어의 'karman'에 해당하는 '작업'이라는 이 말은 몸과 마음에 의한 행위나 활동의 의미로도 사용된다. 『화엄경』에 보면,

> "부처님께서는 온갖 세상의 '작업'을 나타내시어 중생을 교화하시되 싫증냄이 없으시며, 그 마음의 소원을 따라 몸을 나투신다"

는 말이 나오는데, 이는 즉 몸과 마음을 다해 열심히 일에 몰두하여 추진한다면 '작업'의 성과 또한 크다는 의미이다. 따라서 자신이 하고자 하는 일을 위하여 열심히 '작업'에 몰두하는 것은 좋은 일이나, 시쳇말로 여자를 유혹하는 행위를 "작업 건다"라고 하듯이 쓸데없는 '작업'에 열심인 것은 패가망신일 뿐이라는 것을 새겨두어야 할 것이다.

장엄 莊嚴

해외여행을 떠나는 사람들의 즐거움 중 하나에 쇼핑이 있다. 가는 나라의 상점마다 관광객을 상대로 하는 토산품이 즐비하게 진열되어 있고, 매장의 판매원은 유창한 외국어로 상품의 품질이 좋고 값이 싸다는 점을 설명한다. 파는 사람과 사는 사람 사이에는 일종의 긴장감이 감돈다. 우롱차가 갑자기 유행하는가 하면 다음에는 보이차가 잘 팔린다. 그리고 살이 빠진다는 비누가 사람들의 입에 오르내리면 얼떨결에 생각지도 않던 사람도 그만 사게 마련이다. 이처럼 건강에 좋다는 물건으로 몸을 날씬하게 유지하고, 특산품 직물과 보석으로 치장을 하고 싶어 하는 것은 보통 인간들의 공통적인 요소일 수밖에 없을 것이다. 모두가 아름다워지기 위해서이다.

불교에서 말하는 '엄식嚴飾' 또는 '장엄' 이라는 말도 '꾸민다,

장식한다'는 의미이다. 그렇다면 부처님이나 보살들도 우리 일반인처럼 꾸미기를 좋아한다는 말인가? 그렇게 해서 장엄하게 보이기를 좋아한다는 말인가 하고 의심이 들 것이다.

그러나 불교에서는 자신을 치장하기 보다는 장식할만한 가치가 있는 상대는 과연 무엇인가를 먼저 생각한다는 데서 일반인과 차이가 있다. 일반인들은 자신을 꾸미려고 노력하지만 불교에서는 상대를 존경하여 그 존경의 대상을 꾸미고자 하는 것이다.

대승경전을 대표하는 경전 중에 『대방광불화엄경大方廣佛華嚴經』이 있는데, 이 경에서는 "꽃으로 장식될 수 있는 분은 '부처님'이다"라고 말하고 있고, 『묘법연화경』에서는 "꽃 중에서도 첫 번째라는 연꽃에 비유되고 있는 것이 부처님의 '묘법'인데, 만일 그것과 만나지 못한다면, 그것은 자신이 욕망을 버리지 못하고 미망의 생을 거듭할 수밖에 없는 자신의 모습을 다시 되돌아보고 참다운 자각을 통해 자신이 장엄해야 할 대상이 되려고 노력해야 한다"라고 지적하고 있다.

그러면 장엄해야 할 쪽의 자세는 어떠한 것인가?

"자신의 뛰어난 신체적 특징상호에 따라 몸을 장식하니, 그 자태를 비교할 상대가 없으나, 그러므로 세간의 온갖 장식물을 버리게 된다."

『維摩詰所說經』

라고 했듯이, 불교는 각양각색의 물건으로 몸을 치장하고 집을 꾸미며, 그것으로 충분하다고 생각하는 자를 확실히 경각시켜 그런 욕망을 멈추게 하는 작용을 하고 있는 것이다.

화려하고 웅장하고 감히 넘볼 수 없는 위대함을 우리는 '장엄' 하다는 말로 표현한다. 그러나 '장엄' 이라는 것은 나를 비롯해 누구라도 '장엄' 의 대상이 될 수 있는 것이다. 그 중에 당연히 부처님의 모습은 '장엄' 할 수밖에 없을 것이다. 그러나 그 '장엄' 함을 바로 자기 자신도 갖출 수 있다고 부처님은 말씀하였다. "너 스스로 '장엄' 해 지도록 열심히 노력하라"고 외치신 부처님의 말씀에 귀기울여야 할 것이다.

점심 點心

낮에 먹는 식사를 '점심'이라고 하지만, 본래의 의미는 선종에서 야식을 먹기 전에 먹는 '소식小食'을 가리키는 말이다. 글자 그대로 '음식으로써 뱃속에 점을 찍을' 만큼 적은 양의 식사를 말한다. 그저 빈속에 요기가 될 정도로 먹어 시장기를 위로한다는 것이니 '간식' 정도로 이해하면 될 것 같다. 그것이 이제는 낮에 먹는 식사로 의미가 변해 중식中食·오반午盤 등의 뜻으로 쓰이고 있다.

점심에 얽힌 유명한 공안이 하나 있다. 당대唐代에 굴지의 대선사인 덕산 선사가 있었다. 처음에는 경전 연구에 몰두한 교학의 대가였다. 특별히 『금강경』에 대해 많은 강의를 한 분이었는데, 그가 남쪽의 선풍을 격파하겠다는 뜻을 품고 길을 떠나 예주에 이르렀을 때 떡을 파는 한 노파를 만났다. 떡으로 요기를 할 생각으로 보따리를 내려놓고 점심을 시켰다. 이때 노파가 덕산 대사에게 물었다.

"스님, 그 보따리엔 무엇이 들었습니까?"

"자네가 어찌 알겠는가마는 『금강경』에 관한 논소論疏가 들어 있네."

"스님, 과거의 마음을 포착할 수 없고, 현재의 마음을 포착할 수 없으며, 미래의 마음을 포착할 수 없다고 그 경전에 나와 있지요, 그렇다면 스님은 어느 마음心에 점點을 찍으실 겁니까? 제대로 대답하시면 점심공양을 제가 올리겠지만, 그렇지 못한다면 다른 데로 가보시지요"

라고 했다. 이런 떡 파는 노파의 질문에 말이 막힌 덕산 대사는 그 길로 숭신 선사를 찾아가 선을 닦기에 이른다. 점심을 먹겠다는 덕산 대사에게 어느 마음에 점을 찍을 것인가를 물은 그 노파의 경지가 한 수 위였던 것이다.

점심을 먹으면서 배부르게 먹고 거기에 반주까지 하는 사람이 있는데, 그러면 과연 오후 일은 어찌되겠는가? 특히 공무원들 그중에서도 검찰 등 권력 있는 계통 사람들이 이런 점심을 먹는다는데, 과연 그들은 마음에 어떤 점을 찍고 있는지 궁금하기가 짝이 없다. 그런 마음에 점을 찍기는 고사하고 소식하여 굶주림에 떠는 사람들의 마음을 조금이라도 헤아려 보는 지혜 가 그들에게 있었으면 하는 마음이다.

정종 正宗

'정종' 하면 선뜻 떠오르는 것이 일본술(니혼슈)이다. 우리식
으로 말하면 약주이다. 일본인들은 이 술을 전국 방방곡곡에서
자신들이 지은 쌀로 만들어 내며 이에 대한 긍지를 가지고 있
다. 그래서 자신들이 만든 것이 오리지널이고 가장 정통성을 가
지고 있다고 해서 모든 상표에 '정종'이라는 접미사를 붙이고
있는 것이다. 우리나라에서도 요즘 간판을 보면 "족발의 정종"
"닭갈비의 정종" 등 정종이라는 글자가 붙은 간판들이 곧잘 눈
에 띈다.

그러나 이 말도 불교에서 나온 말이다. 처음 정종이라는 말을
쓴 종파는 선종이었다. 그들은 시조 달마가 전한 적계嫡系 학파
를 '정종正宗'이라 불렀다. '정종'의 '종'이라는 말은 당연히 선
종을 뜻했다. 선종은 스스로를 지칭하여 '종문宗門', '종하宗下'

라 자칭하였고, 다른 불교유파를 '교敎'라 불렀다. 『운봉열선사
어록서雲峰悅禪師語錄序』에서는 "연등의 글에 국한하지 않고 자칭
3인정종三印正宗이라 일컬었다"고 이를 비꼬았을 정도다.

후에는 행업行業이나 기술技術에서 적계를 두고 '정종'이라 지
칭하였으니 위에서 소개한 우리나라 간판에 등장하는 정종과
같은 의미로 쓰여 졌다는 말이다. 이러한 대표적인 예로써 들
수 있는 것은 청말의 유사배劉思培가 쓴 『문설文說』이라는 글에
서 "그 글은 칙서나 마찬가지여서 이는 조서詔書의 정종이라 할
수 있다. 그 소리는 애원에 가까워 이소離騷의 변체變體라고 하
겠다"고 하였다. 또 노신의 서신집인 『이엽에게』라는 책에서도
"목각木刻은 역시 흑백을 정종으로 한다"라는 구절이 있다. 이처
럼 정종이라는 말의 원류는 불교에서 나온 것이고, 그 사용도
중국인이 사용하던 것을 일본인들이 후에 사용하게 된 것인데,
이제는 주객이 전도되어 마치 일본인들의 고유한 용어인양 되
어 있으니, 우리나 중국이나 근대화에 뒤늦은 업보일 것이다.

종자 種子

'종자'는 범어 'biia'의 번역어이다. 종자로부터 싹이 나오기 때문에 불교에서는 '믿음의 씨앗' '원인의 씨앗' 등으로 종종 비유의 대상이 되곤 한다.

부처님 당시에 한 바라문이 탁발을 하시는 부처님께 물었다.

"저는 밭을 갈고 씨를 뿌린 후에 먹습니다. 성자여, 당신도 밭을 가십시요."

그러자 부처님은 "나도 밭을 갈고 씨를 뿌리며 갈고 뿌린 연후에 먹습니다"고 이르셨다.

그리고는 "바라문이여, 나의 믿음이 종자요, 그 행은 비이고, 지혜는 내 멍에와 호미이며, 뉘우침은 괭이자루이다. 또 의지는 잡아매는 줄이고, 생각은 호미 날과 작대기이다. …이런 농사를 지으면 온갖 고뇌에서 풀려나게 되는데……"

마음의 양식을 가꾸는 거룩한 농사에 관한 말씀이다.

유식종에서는 마치 곡류의 싹이 종자에서 나오는 것처럼 모든 존재 현상을 나게 하는 '원인의 씨앗'을 '종자'라고 했다. 식물의 종자를 '외종자外種子'라고 하는 데에 반해 아뢰야식阿賴耶識 (alaya-vijnana, 알라야, '인식의 보고'라는 뜻으로 대승불교 유식학파의 핵심 개념임)에 감추어져 있는 마음의 종자를 '내종자內種子'라고 했다. 이 '내종자'라는 원인을 통한 결과의 작용을 이르는 말은 향을 담았던 상자에 향내가 가득한 것처럼 일종의 관습처럼 아뢰야식 가운데에 훈습되는 것으로서 설명하고 있다.

한편 아뢰야식 가운데는 선척적으로 존재하는 본유종자本有種子가 있으며, 후천적으로 경험하고 축적하는 신훈종자新熏種子가 있다. 일반적으로 종자에는 여러 현상을 일으키는 유로有漏종자와 보리菩提의 원인이 되는 무루無漏종자 등 두 가지가 있다.

한 그릇 속에 갖가지 종자가 있어서 그것이 물이나 비를 만나면 각각 스스로 생겨나는 것과 같이 중생의 그릇이 하나이긴 해도 애착으로 말미암아 갖가지 번뇌가 생겨나기 때문에 원인의 씨앗을 마음속에서 제거해 내야 한다고 유식종에서는 말하고 있는 것이다.

지 식 知識

　서구의 철학자 베이컨은 '아는 것이 힘이다.' 라고 한 바 있고, 『채근담』에서는 '행복만을 위해 달려가다가는 불행을 부르며 언제까지나 살 수 없음을 깨닫는 것이 인생의 가장 큰 지식이다.' 라고 하였다. 『논어』에서는 '지식이 있는 자는 사물의 도리에 밝아 미혹됨이 없이 잘 분별한다.' 고 하였다.

　이처럼 배우거나 연구하거나 실천을 통해 얻은 명확한 인식이나 이해를 우리는 '지식' 이라고 한다. 얼마나 많이 알고 있느냐에 의해 '박물군자博物君子' 라고도 하고, '천학비재淺學菲才' 라고도 한다.

　그러나 지식의 본뜻은 이와는 다르다. 범어 'mitta' 의 한역이 '지식' 인데, 이는 '아는 사람' '벗' '친구' 라는 뜻을 지녔다. 내가 모습과 그 마음을 잘 아는 상대 그것이 지식이다. 여러 경의

처음에 나오는 「이는 대중들에게 널리 알려져 있는 사람」이라
는 내용 중에,

"여래 멸도 후에 비구·비구니든 우바새·우바이든, 이 경을
들어 수희하고 법회로부터 나와 다른 곳에 이르러 승방에서나 한
적한 곳에서나…. 들은 대로 부모·친척·스승·지식을 위하여
능력에 따라 설해 주어라.

에서도 '지식'이라는 말을 쓰고 있다. 그 지식이 다른 이들을
바르게 인도하면 그를 '선우' '선지식'이라 하고 바르지 못한
이는 '악우' '악지식'이라 하였다. "바른 도리를 가르치는 자"
라는 뜻을 지닌 '선지식'의 준말이 곧 '지식'이다. 따라서 '스
승'이라는 의미도 지니고 있다. 부처님은 좋은 스승, 좋은 벗과
함께 있다는 것은 도의 전부와 같다고 말씀하신 바 있다. 『화엄
경』「입법계품」에 나오는 선재동자의 전도과정 역시 53선지식
을 만나는 정진의 과정이다.

"내가 하는 것처럼 타오르는 화산 속으로 곧장 뛰어들라고 바
라문이 명하자 선재는 놀라고 두려운 나머지 이 사람이 정말로
선지식일까, 혹 악마가 아닐까 하고 의심하지만 결국은 결심을

하고 불 속으로 뛰어들려고 하는 바로 그때, 그는 보살의 안락조
명삼매安樂照明三昧라는 하나의 깨달음을 얻었다.

『화엄경華嚴經』「입법계품立法界品」

이처럼 구도는 확실히 목숨을 다 바쳐야 하는 일이다. 이것저
것 사념에 사로잡혀 있는 목숨을 떨쳐버리고, 스승이 온 몸으로
행하는 가르침에 따라서 뛰어든 곳, 바로 그곳에 만인의 의지
처인 법진리가 나타나는 것이다. 이러한 불도를 배우는 도상에
서의 훌륭한 스승과 좋은 벗을 '선지식'이라고 하고, 이와는 반
대로 나쁜 스승과 좋지 않은 벗을 '악지식'이라고 하는데, 선지
식善知識의 가르침에 따라서, 설사 지옥에 떨어진다 해도 전혀
후회하지 않는다고 어떤 고승은 말했듯이 불교에서 '지식'이라
는 말은 수량으로 측정할 수 있는 지식이 아닌 것이다.
　스포츠든 공부든 스승과 벗은 필요하다. 만일 낯선 곳에서 길을
잃고 헤맨다면, 우리는 올바른 길을 가리켜 줄 사람을 찾을 것이다.
하물며 불도 수행의 경우는 더 말할 나위도 없다. 선지식이 없다면
깨달음과 구원은 얻을 수 없다. 자신이 이 세상에 태어난 의미를 찾
고, 그것을 밝히려는 구도자에게 있어서 선지식과의 만남은 참으로
필수 조건이다. '악지식과는 절대로 가까이 하지 말 것이며, 선지식
과는 원수가 되더라도 가까이 하라'는 말까지 있을 정도이다.

차 茶

차는 곧 중국의 브랜드다. 13억 인구의 거대한 체구와는 다르게 차에 내재한 그 부드러움은 중국의 이면을 상징하기도 한다. 중국의 역사와 함께 호흡한 차의 생명은 수많은 세월을 건너 생성, 변천, 소멸되는 과정을 반복했다.

다성茶聖으로 불리 우는 육우陸羽가 저술한 『다경茶經』에 따르면, 차는 덕을 갖춘 사람들이 마시기에 가장 알맞은 음료라고 기록했다. 그렇지만 차라고 해서 다 같은 차인가? 중국차를 알게 되면 보다 분명한 대답을 들을 수 있을 것이다.

흔히 사람들은 같은 잎을 우려내면 같은 맛이 날 거라고 생각하지만, 모르는 소리다. 결론부터 말하면, 차는 가공 방법의 차이에 따라 여섯 가지로 분류해 볼 수 있는데, 녹차, 홍차, 황차, 백차, 흑차, 청차우롱차가 그것이다. 한 가지 덧붙이자면, 차의 발효 정도에 따라 그 맛과 깊이가 하늘과 땅의 차이만큼 크다는 사실이다. 다시 말해서, 같은 녹차라고 해서 같은 맛을 낸다는 것은 아니라는 말씀이다. 아무리 같은 땅에서 똑같은 햇빛을 받고 자라는 차 잎이라도 천의 맛을 낸다는 사실이 새삼 존경스럽기까지 하다.

인스턴트 음료가 미각을 길들이고 있는 요즘의 분위기에 복잡하고 손이 많이 가는 중국식 제다製茶가 까탈스럽게 느껴지는 것도 사실이지만, 다성茶聖 육우陸羽의 말이 솔깃한 사람이라면 썩 불편하지는 않을 듯싶다. 어디 덕德을 갖추는 일이 그렇게 쉬운 일인가?

차의 왕국이자 고향인 중국에서는 헤아릴 수 없을 만큼 많은 종류의 차가 있다. 그 중에서도 명차名茶라고 부르는 것만 676종이 넘는다. 명차는 일반적으로 색, 맛, 향, 모양 등 네 가지를 기준으로 삼는데, 그 중에서도 10대 명차는 논할 필요가 없는 명품 중의 명품이다.

중국차의 자존심이라 불리는 이들 명차들은 녹색의 진한 향과 단맛, 아름다운 모양을 갖춘 서호용정차西湖龍井茶를 비롯해서 투명한 유리잔에 우리면 찻잎이 먼저 위로 향하다 가라앉고 다시 수면으로 떠오르는 아름다운 모습을 연출하는 군산은침君山銀針 등 신비에 가까운 매력을 뽐낸다.

이처럼 중국에서 차 문화가 발전하게 된 데에는 불교와 불가분의 관계가 있기 때문이다. 차의 전래와 시대에 따른 성쇠도 모두 불교와 밀접한 관련을 맺고 있다. 차의 약리적藥理的인 특성과 정신적인 수행을 강조하는 불교의 특성상 승려들은 차를 마실 수밖에 없었다. 차는 잠을 쫓고 정신을 맑게 하여 모든 일상생활 속에서 자기의 본래면목本來面目을 정관靜觀케 하는 힘을 갖게 하기 때문이다.

또한 산중山中의 초암草庵에 홀로 앉아 밝은 달빛 아래에서 화로의 물 끓는 소리, 솔바람 소리를 들으며 피어오르는 차의 청향淸香을 맡고 있노라면 생사의 해탈解脫을 추구하는 선승禪僧의 피로도 자연히 풀리게 되는 것이다. 그런 이유로 끽다喫茶의 풍습이 사찰과는 밀접한 관계가 되어 부처님의 공양과 승려들의 음용飮用으로 향화香花와 더불어 필수품이 되었다.

우리나라 차는 사찰을 중심으로 해서 명맥이 유지 발전되고, 승려들의 기호음료로 이어져 왔기 때문에 어쩔 수 없이 불교를 말할 때 차가 빠질 수 없고 차를 말할 때 불교를 떠나서는 말이 되지 않는다.

한 잔의 차茶를 마시기 위해서는 물을 끓이고, 찻잔을 데우고, 다관에 끓인 물을 붓고, 다관이 알맞게 데워지기를 기다려 물을 다 덜어내고, 다관에 찻잎을 넣고, 알맞게 식은 물을 부어 우려

낸다. 차가 다 우러나 차의 고유한 빛이 나타나면 찻잔에 부어 마신다.

이러한 과정들은 현대를 살아가는 바쁜 현대인들에는 번거롭게 느껴질 수도 있다. 또 한 잔의 차를 마시기 위해서는 많은 시간을 필요로 한다. 그러나 물이 끓기를 기다리면서 차를 우려낼 때 가지게 되는 느낌들은 동적이면서 정적이고, 정적인 것에서 동적인 향기가 솟아난다. 동적인 것에서 묻어나는 정적인 향기, 정적인 것에 누구도 범접할 수 없는 차의 향기, 불교의 차 문화는 이러한 것이라고 할 수 있다.

차는 잠을 적게 하고 머리를 맑게 하여 아무리 많이 마셔도 해가 되지 않는다. 이러한 이유 때문에 사찰이나 수행을 하는 분들이 차를 즐겨 마신다. 수행을 하는 분들에게 있어서 잠과 번뇌는 반갑지 않은 손님이다. 이러한 이유들이 사찰이나 수행을 하는 분들이 차를 즐겨 마시는 이유이며, 사찰을 통해 차 문화가 면면히 계승되어 온 이유이기도 하다.

차는 또한 오랜 옛날부터 사람과 사람 사이를 잇는 우리 생활의 중요한 매개체이기도 했다. 차는 졸음을 쫓아내고 머리를 맑게 해주는 약리적인 특징과 정신적인 수행을 강조하는 불교의 특성 때문일 것이다.

중국의 다성茶聖인 육우陸羽는 "덕德이 있는 사람이 마시기에 가장 적당한 것이 차"라고 하였다. 흰 구름과 밝은 달을 벗 삼아 마시는 차인茶人의 멋은 바로 푸른 산을 마주하고 앉아 삼매三昧에 든 선사의 법열法悅로 통하는 것이었다. 이는 다도의 정신과 선의 정신이 서로 일치하기 때문이었다.

옛 선현들은 "차의 깨끗한 정기를 마실 때 어찌 대도大道를 이룰 날이 멀다고만 하랴"며 차의 정신을 중요시했다. 추사秋史 김정희金正喜도 다성茶聖 초의선사艸衣禪師에게 써 보낸 『명선茗禪』이라는 작품에서 차와 선이 둘이 아님을 강조하였다. 다도茶道는 정성스레 불을 피우고 물을 끓이며, 잘 끓인 물과 좋은 차를 합일시키는 평범한 일상생활이다. 흔히들 다선일여茶禪一如 혹은 다선일미茶禪一味라는 말을 쓰는 이유도 여기에 있다.

역사적으로 볼 때 차를 불공에 쓴 것은 신라 때부터인데 충담선사忠談禪師가 남산 삼화령三花嶺에 올라 미륵세존彌勒世尊에게 차 공양을 드렸다는 기록(『삼국유사』)과 보천寶川, 효명孝明 두 왕자가 오대산에서 수도할 때 문수대성文殊大聖에게 공양하였다는 등의 고사故事에서 차공양은 정착하였다고 볼 수 있다. 최초의 대승경전大乘經典인 『화엄경』에서도 차가 향화香花와 더불어 중요한 불공의 예폐禮幣인 것을 보여준다.

또 윤기 퍼지는 차의 장엄함에 　　　　　又放光明茶莊嚴

가지가지 현묘한 차는 평온한 장막이 되어 種種妙茶集爲帳

온 누리 넓은 세상 두루 퍼져서 普散十分諸國土

모든 외진 곳의 영가에까지 바쳐 지리다 供養一切孤靈駕

불교에서는 모든 예식과 의식순서의 첫 번째가 다기에 차를 올리는 일에서부터 시작된다. 기도를 하거나 예불 또는 법회를 진행하기 전에 부처님께 꼭 차를 올리는데 이 다기茶器 놓이는 자리가 바로 부처님 앞 중앙에 있는 향로의 왼쪽이다. 이는 차례가 의식의 핵심임을 알 수 있다.

맑고 신성한 차는 불교의 공양 6물(향, 등불, 차, 꽃, 과일, 음식) 가운데 하나이다. 다기는 향로, 촛대 등과 함께 꼭 필요한 공양법구이다. 찻물을 보관하거나 이동하는 데 쓰이는 것이 정병淨瓶이라면, 다기는 차를 담아서 불전에 공양할 때 사용한다. 처음에는 토기로 된 다기로 시작하여 구리로 된 것이나 아름다운 청자의 상감을 지닌 다기가 만들어졌으며, 오늘날에는 유기제품과 도자기로 된 것이 주류를 이룬다.

대부분 뚜껑이 있는 잔 모양이며, 잔 받침이 있고 크기는 15cm 정도이다. 청자로 된 다기들은 뚜껑이 없이 잔 받침 위에 연꽃 모양으로 된 잔을 갖춘 경우가 많다. 법당에 차를 올릴 때에는 뚜껑 있는 찻잔을 받침에 받쳐서 올린다. 불전에 차 공양을 하면 대중이 함께 다게茶偈를 염불한다. 고려시대까지는 불전에 차 공양을 하였으나 조선시대의 억불숭유정책 이후 차 대신 맑은 물을 찻잔에 담아 공양하기도 했다.

대표적인 유물로는 국립중앙박물관에 소장되어 있는 청자탁잔과 태평양박물관에 있는 청자상감국화문탁잔 등이 있다. 찻잔을 들고 있는 석굴암 문수보살상과 청량사의 보살상(9세기), 법주사 희견보살이 머리에 이고 있는 커다란 석조 '헌다기'는 불교의 차 공양茶供養 정신을 보여주는 유물이다.

출생 出生

　사전에서 출생이라는 말을 찾아보면, "태아가 모태에서 벗어나 태어나는 것"이라고 풀이되어 있다. '출생'이라는 명사, 또는 '출생하다'는 동사로 사용하는 이외에 '출생지', '출생신고' 등 일상생활에서 흔히 사용하는 말이다. 그런데 이 말이 불교용어라는 사실은 별로 의식하지 않은 채 쓰이고 있다.

　불교경전에는, 사람이 출생한다는 것은 부모의 화합 등 여러 가지 인연에 따라 성립한다는 사실이 언급되어 있고, '혹은 어머니가 음식을 먹을 때, 여러 가지 먹을 것과 정기에너지에 의하여 활명活命하는 것이 태胎를 받는 근원이다. 형체가 완성되고, 감관感官이 갖추어지고, 어머니에 의하여 출생을 얻는다'(『증일아함경增一阿含經』 권30)고 설명한다.

　이처럼 출생이라는 말에는, 내가 이 세상에 태어난 배경은 각종 인연조건에 따른 것이라는 의미가 담겨 있는 셈이다. 이 사실을 지금의 우리에게 분명히 가르쳐 주는 것이 부처님의 출생을 둘러싼 전설이다. 잘 알려져 있듯이, 부처님은 태어나자마자 북쪽을 향하여 일곱 걸음을 걷고 나서 '천상천하유아독존天上天下唯我獨尊'이라고 드높이 사자후를 토했다고 한다. 이 말을 들으면, 부처님은 참으로 거만한 사람이라고 생각할지도 모른다.

그런데 이 부분에 해당하는 인도의 원전을 보면, "나는 이 세상에서 가장 늙은 자이다. 이것은 최후의 생이다. 더 이상 재생은 없다"라는 문장이 추가되어 있다. 갓 태어난 아기가 가장 늙었다고 하는 것은 어찌된 영문일까? 그 말은 누구보다도 많은 윤회를 거듭한 끝에 이제 여기에 태어났다고 하는 과거를 짊어진 말이며, 더 이상 다시 환생하는 일은 없다는 결의를 간직한 말이 아닐까? 그렇게 보면 '유아독존'이라는 것은 "나는 여러 가지 인연에 따라 무엇과도 바꿀 수 없는 존귀한 목숨을 받고 이 세상에 태어났다"는 의미가 된다.

출생이라는 말은 우리가 생명을 받고 생활하고 있는 지금의 이 현실이 얼마나 의미심장한 일인가를 생각하게 해 주는 말이다.

통달 通達

　일반적으로 '통달'이라고 하면 관청 등에서 보내는 통지를 말한다. 구석구석까지 도달하도록 한다는 의미에서 이름 지어 진 것인데, 그 중에는 받아도 별로 기쁘지 않은 통달이 있을 때도 있다. 또한 어떤 일에 대해 거의 신적 존재처럼 완벽하게 아는 것을 '통달'했다는 말로도 쓰고 있다. 예를 들면 "그 사람은 증권에는 통달한 사람이야" "저 사람은 한자에는 통달한 사람이지" 등으로 쓰이고 있는 것이다.

　그러나 불교에서 '통달'이라는 의미는, "불도에 깊이 도달해 있어 깨달음을 얻음"이라는 의미이다.

　'깨달음'이라는 말을 들으면 현실에서 벗어난 것처럼 들릴 지도 모른다. 그러나 사실은 여러 가지 사념에서 해방된, 사물과 현실을 명확하게 간파하는 지혜를 깨닫는다는 것이다.

우리는 마음 속 어딘가에서 자신이 사물을 보는 방법과 판단은 잘못되지 않았다고 믿고 있다. 그렇게 생각하지 않으면 자신감을 가질 수도 없고, 행동으로 옮길 수 없는 것이 인간의 본성인지도 모른다.

그런데 지금까지 부지런히 축적해 온 인간의 역사는 정말로 틀리지 않았다고 말할 수 있을까? 확실히 물질은 풍족해졌고, 생활도 편리해졌다. 하지만 그 한편에서 자연계에는 존재하지 않았던 물질을 만들어 내고, 자신이 살고 있는 환경을 자신의 손으로 파괴하는 일마저 벌어지고 있다. 이런 일을 과연 현명하다고 할 수 있을까?

좋을 것으로 생각하고 축적해 온 것이 오히려 심각한 문제의 원인이 되어 간다. 그것은 무엇이 정말로 중요한가를 간파하지 못했기 때문이다. 진보와 향상이라는 이름 아래 눈앞의 이익만을 우선시해 온 결과가 아닐까?

자신은 틀리지 않는다는 믿음. 좀 더 편리하고 풍족해진다는 믿음. 이런 믿음이야말로 참으로 위험하다. 현명하기는커녕 어리석기까지 하다. 그런 사실을 알아차릴 때 현실을 꿰뚫어보는 눈을 얻을 수 있다. 불교는 그것을 '통달'이라는 말로 가르치고 있는 것이다.

투기 投機

‘투기’라는 말은 지금은 주식이나 상품의 가격 변동을 예측하거나, 아니면 많은 이익을 노리고 사고파는 일을 되풀이하는 등의 경제용어로 사용하고 있다. 그러나 원래는 불도 수행에 의하여 불교의 근본 뜻을 체득하는 것을 말한다. 특히 선종에서는 스승과 제자의 마음機이 일치하는 것, 일반적으로 말하는 의기투합과 동일한 의미를 가리키는 말로서 사용하고 있다.

그런데 이 ‘투기’가 어째서 경제용어로 사용하게 된 것인지에 대해서, 확실하지는 않지만 아마도 가격 예측이 결국은 암암리에 작용하는 "감感"에 관한 문제이므로, 그것이 스승과 제자 사이의 마음의 일치와 비슷하다는 사실에서 유래하는 것으로 보고 있다.

생각건대 현재의 자신에게 만족하지 못하고, 지금보다 나은 상태를 원하고 있으며, 이런 문제로 항상 크나큰 고통 속에 있는 것이 인간 세계의 현실일 것이다. 『삼국지』에서 위魏 나라의 재상 사마의司馬懿가 농隴지방을 평정하고, 승세를 이용하여 다시 촉蜀을 공략하려고 했을 때, 위의 영웅 조조는 "사람은 만족할 줄 모르는 것 때문에 괴로워한다. 농을 얻고 다시 촉을 원한다"고 하며 한없는 인간의 욕망을 지적했다. '득롱망촉得隴望蜀'이라는 고사로 유명한 답변이다. 탐욕스러운 자신의 업業의 깊이에 대하여 거듭 탄식하면서, 만족함을 알고 자족할 줄 아는 경지에 정착할 수 없는 자신을 생각할 때, 이처럼 흔들리는 마음이 각종 투기에 손을 뻗치게 되고 큰 실패를 초래하기에 이른다는 사실을 알게 된다. 그렇기 때문에 더욱 '투기'라는 말의 원래의 의미처럼 선현들의 지혜에서 배우고, 선현들의 마음과 자신의 마음이 합치하여 정신의 안정을 얻어야 하며, 마음의 방향을 전환시킬 필요가 있는 것이다.

학생 學生

봄은 새해를 맞는 계절이다. 전국 각지에서 입학식과 입사식이 거행되고, 많은 학생과 사회인이 새 출발을 한다. 처음 입학식에 참여하는 모든 학생은 새로운 희망에 모두 가슴 설레어 한다. 그러나 한두 달 지나면서 공부를 따라가지 못하는 자가 속출하게 되고 그러면서 학교문제, 사회문제가 꼬리를 물로 일어나게 된다. 글자 그대로 풀이하면 "배움을 통해 새롭게 거듭나는 사람"이 학생인데, 요즘은 오히려 배우면서 나빠지는 것이 학생이라는 개념으로 되고 있으니 참 세상 요지경이라 아니할 수 없다. 그러나 학생이라는 말은 불교에서는 "불교를 배우는 나이 어린 사람, 특히 학승과 유덕한 승려"를 뜻하는 말이었다.

학문을 하려면 부처의 대자비심을 명확하게 알고, '우둔하고 무력한 자신은 구제받지 못하는 것이 아닌가?' 하고 염려하는 사람에게도, 부처의 본원本願은 모든 사람을 평등하게 구원하는 것이며, 사람을 전혀 차별하지 않는다는 사실을 잘 알려주는 것이 바로 '학생'이라는 사실을 소위 학생이 되었다면 상기해 볼 말인 것이다. 배운 것을 곰곰이 되새겨보고, 고민하거나 곤궁에 빠진 사람에게 진정으로 안정을 얻을 수 있는 길을 제시해 주는 것 이것이야 말로 '학생의 보람'인 것이다.

사회의 통념으로 볼 때 대학을 졸업한 사람을 더 이상 학생이라고 부르지 않는다. 그러나 사람은 평생 동안 학생으로서의 자세를 가져야 한다고 생각한다. 무엇을 위하여 배우는 것인가? 무엇 때문에 배우는 것인가? 하고 자신에게 질문을 던지는 소리를 똑똑히 듣고 걸어가야 비로소 학생다운 학생이 될 수 있으니까 말이다.

항 복 降服, 降伏

국어사전을 보면 '항복'이라는 말은 적이나 상대편에게 잘못했다고 굴복하거나, 전투행위를 포기하고 장소나 병기를 적에게 내어 주는 일이라고 설명하고 있다. 패배를 시인하는 이 '항복'은 그러나 본래 의미는 지금의 뜻과는 정반대이다.

범어로 'stambhana(저해하는 것)', 'pragrahitavya(당연히 억제할)' 등의 의미를 번역한 것으로 "위력으로써 다른 이를 눌러 복종시키는 것"을 의미한다. 그리고 항복받을 대상은 밖에 있는 것이 아니라 내면에 존재하고 있음을 강조한다. 탐욕과 성냄과 어리석음(탐, 진, 치)의 삼독에 집착하는 마음과의 싸움 그리고 그것을 제어해서 바른 수행을 실천할 것을 이르는 것이 이 말의 원 의미이다.

항복하지 않는 자는 항복케 하며, 항복한 자는 악을 다시 행하지 않게 하며, 반역하려는 자는 감히 그런 마음을 일으키지 못하게 해야 한다.

부처님의 수인상手印相에는 '항마인'이 있다. 이는 마군을 항복시킨다는 뜻의 상징이다. 부처님의 앉음새에도 오른발을 왼쪽 넙적다리에 얹고 왼발을 오른쪽 넙적다리에 얹는 것을 '항마좌' 혹은 '항복좌'라고 한다. 보리수 아래에 정좌하시고 선정에 드신 부처님은 일체의 마군을 항복시키고 '무상정등정각'을 이루신다. 이 장면이 부처님의 일생을 묘사한 '팔상성도' 가운데 '수하항마상樹下降魔相'이다.

우리에게도 내면의 마군을 항복시키는 일이 제일 시급한 일임을 어찌 모르는가?

향수 香水

산스크리트어의 'gandha-vāri' (간다바리)를 옮긴 말이 곧 '향수'이다. 여러 가지 향을 섞은 물을 말하며, 불전에 바치거나, 청결 유지를 위하여 몸에 뿌리거나, 불구佛具·불전佛典 등을 깨끗이 하는데 사용되었다. 아울러서 법 공덕을 향에 비유하여, 법문을 듣는 일을 문향聞香이라고 한다.

향수의 제조 기술은 고대 중국인·힌두인·이집트인·유대인·카르타고인·아랍인·그리스인·로마인에게 잘 알려져 있었다. 성서에는 향수를 만드는 재료 외에도 향수를 만드는 기법에 대한 언급이 있다. 향수 제조에 사용되는 원료의 하나인 정유精油는 대개 식물의 수증기를 증류시켜서 얻는다.

그러나 어떤 동물의 분비물은 향수의 지속력을 증가시키는 방향물질을 함유하고 있다. 그러한 물질과 그 성분의 일부는 고

착제의 역할을 하며, 휘발성이 더 강한 향수 원료가 지나치게 빨리 휘발하는 것을 방지해준다. 이것들은 알코올성 용액의 형태로 사용된다. 동물성 향수로는 향고래에서 추출한 용연향, 비버에서 추출한 해리향, 사향고양이에서 추출한 영묘향, 사향노루에서 추출한 사향 등이 있다. 합성적인 향수를 이용하면 꽃향기 향에서부터 자연계에서는 알려지지 않은 향까지 다양한 향을 연출할 수 있다.

고급 향수는 100가지 이상의 재료를 사용하기도 한다. 각각의 향수는 사용 즉시 느껴지는, 기분을 바꾸는 1단계의 휘발성향, 풍부하고 지속적인 완화제향, 가장 오랫동안 지속되는 기초향(최종향)으로 이루어진다. 향수는 일반적으로 식별 가능한 주요 향에 따라 분류할 수 있다. 꽃향기 향수는 자스민 · 장미 · 독일은방울꽃 · 치자나무꽃의 향을 혼합한다. 톡 쏘는 향의 향수에는 카네이션 · 정향 · 계피 · 육두구와 같은 향을 쓴다. 나무향 향수에는 베티베르향(베티베리아향초 또는 쿠스쿠스라는 향기나는 풀에서 유래) · 백단향 · 심나무향 등을 사용한다. 이끼 향수에서는 참나무이끼가 주류이다. 오리엔탈로 알려진 향수는 나무향, 이끼향, 톡 쏘는 향을 바닐라나 발삼 같은 향과 혼합한뒤 보통 영묘향이나 사향 같은 동물성 향으로 강조한다. 허브향 향수는 클로버나 진들피의 향이다. 가죽-담배향 향수는 가죽과

담배, 자작나무 타르의 연기냄새를 가지고 있다. 알데히드계 향수는 주로 과일향이 나는 알데히드향이 주류를 이룬다. 남성용 향수는 일반적으로 시트러스, 톡 쏘는 스파이스향, 가죽향, 라벤더향, 양치식물향, 나무향으로 제조된다.

행각 行脚

인도에는 석 달 동안 비가 지속적으로 내리는 '우기雨期'가 있
다. 부처님 당시에는 이 우기 동안 일정한 장소에 모여 공부하
고 수행하는 '안거'를 실시했다. 안거를 마친 수행자들이 자신
의 공부와 수도에 적합한 선지식과 장소를 찾아 여기저기 떠돌
아다니는 것을 '행각'이라 한다.

행각과 안거의 전통은 지금도 이어져 오고 있는데 우리나라
의 경우는 하안거와 동안거를 해제하는 대로 모두 제각기 각처
를 돌며 수행에 힘쓰고 있다. 유행遊行 또는 만행萬行이라고도 한
다.

수행자가 만행을 떠나는 것을 '운수행각'이라고 한다. 뜬 구
름과 흐르는 물처럼 가고 오는 데에 걸림이 없고, 한곳에 머무
름이 없으며 조금도 얽매임 없이 천하의 선지식 휘하에 들어가

공부의 향상을 꾀하는 데서 부르는 이름이다. 머무름이나 애착이 없이 곳곳을 찾아다니며 불법을 수행하는 운수행각은 안거 기간 동안 전념한 공부를 새롭게 점검하고 확인하는 또 다른 수행의 방편인 것이다.

『정조사원庭祖事苑』에 이르기를 '행각을 하는 사람은 멀리 고향을 떠나서 천하를 다니며 정情을 버리고 스승과 법을 찾아서 법을 구하여 깨달음을 얻는다.'고 하였다

『화엄경』「입법계품」에 나오는 것처럼 선재동자가 53선지식을 찾아 '구도행각'을 떠나는 것 그것이 바로 행각인 것이다.

밤늦도록 어스름한 골목길을 떼 지어 다니며 청춘을 불사르던 옛 기억이 중장년층이라면 누구나 경험했을 것이다. 그래도 사람들은 겁을 내지 않았으나 요즘에는 그런 젊은이들을 피해서 지나가야 하는 세상으로 변했다. 수행자들의 행각과 청춘의 오만에서 빚어지는 행각과는 너무나도 큰 차이가 있는 것이다.

화장 火葬

고대 인도에서는 사람이 죽은 다음 수장, 화장, 토장, 조장(새장) 등 네 가지 방법으로 매장하였다. 화장火葬은 이 네 가지 매장 방법 중의 하나다. 범어에서는 이를 '투피' 혹은 '주위' 라고 하는데, 그 뜻은 "불에 태운다"는 의미이다. 『열반경』 하에 "그 때가 되면 대자의 힘이 맘속으로부터 용솟아 불이 관 밖으로 타오르며 점차 투피 되는데 대략 이레쯤 걸린다."라는 기술이 있다.

중국 고대에는 대체로 토장을 하였으나 불교가 중국으로 전래 된 다음부터 화장이라는 것이 있게 되었다. 청나라 고염무顧炎武의 『일지록』「체제」에는 '화장'에 대해서 "화장하는 풍속은 강남에 널리 성행하였는데 이 화장 풍속은 송나라 때부터 이미 유행되었다"고 하였다. 송나라 홍매洪邁의 『용재수필容齋手筆』

「속필續筆」권13에는 "민간에서 화장하는 풍속은 석가불교가 전해 오면서 시작되었는데 이 풍속에 따르면 사람이 죽으면 불에 태워 매장한다"라는 기록이 있다. 이들 글을 통해 불교가 민간 풍속에 끼친 영향이 지대했음을 알 수 있을 것이다. 화장은 또한 '화화火化'라고도 불렀다.

송나라 홍매의 『이견병지夷堅丙志』「조축수趙縮手」에는 "사람이 죽어 사흘이 되면 시체를 화장한다"라는 내용이 있다. 그리고 차약수車若水의 『각기집脚氣集』에 "지금 빈민들은 죽은 다음 매장할 땅이 없어 화장하여 하늘로 날려 보내기 때문에 장례마저도 박탈당하고 말았다"라는 구절이 있다. 중국은 장기간 유교문화의 영향을 받았기 때문에 화장에 대해서는 배척하는 입장을 취해 왔다. 심지어 어떤 때는 화장을 금기사항으로 규정하기도 했다. 송나라 태조 건륭 3년에 칙령을 내려 화장을 금지시켰던 것이다. 명나라, 청나라 시기에도 화장을 금지한 적이 있었다. 그러다가 근대에 들어 서방 제국의 영향을 받아 사람들의 의식에 점차 변화 되면서 지금은 중국 정부가 권장하는 주요 장례 방법이 되었다. 이러한 흐름은 우리나라에서도 마찬가지라고 하겠다. 이에 비해 일본은 불교의 영향이 불교 전래 이래 지금까지 일본인들의 정신 속에 큰 영향을 주었기에 거의 화장을 하고 있는 실정이다.

현관 玄關

국어사전에서는 '현관'을 첫째, 건물의 주된 출입구에 달아서 만들거나 방처럼 만든 문간, 둘째, 큰 도시의 역이나 외국과의 왕래가 빈번한 국경에 위치한 도시의 비유, 셋째, 선학으로 들어서는 어귀, 넷째, 선종 사찰의 작은 문 등으로 설명하고 있다.

아파트가 들어서고 양옥집들이 늘기 전까지 우리에게 '현관'의 개념은 달리 없었다. 본디 우리나라의 건축구조에는 없던 것이며 오히려 일본식 건축구조 속에 자리해 온 것이 현관이다.

현관의 본 뜻은 '깊고 묘한 이치에 통하는 관문'이라는 의미이다. 선종에서 쓰이던 용어로 깊고 오묘한 도道에 들어가는 시작, 이치나 도리가 헤아릴 수 없이 미묘한 뜻에 출입하는 관문이라는 뜻이었다.

불교를 일컬어 '현문玄門'이라고 부르는데 이는 깊고 오묘해

玄 절대의 피안인 이상 경계로 들어가는 문門이라는 비유에서 나온 용어이다. 예로부터 "불법은 깊고 묘하여 믿으면 들어갈 수 있는 문"이라 하였으며, 『삼론현의三論玄義』에 이르기를 "불법은 둘도 없는 현묘한 문"이라 하였다. 현관도 이와 같은 뜻으로 이해하면 될 것 같다.

"현묘한 관문을 크게 계발하니 바른 눈이 유동한다"라는 말처럼" 어떠한 경우에도 남에게 날카롭게 질문하거나 남의 질문에 명쾌하게 답을 하기 위해 깊고 묘한 이치로써 들어가는 현관을 격파해야 할 것이다.

우주판
을 알게 해주는 용어

국토 國土

남의 나라에 주권을 넘겨주면 가장 슬픈 것이 스스로의 국토를 지키지 못하고 남의 손아귀에서 마음대로 전횡된다는 점이다. 현재 우리가 겪고 있는 독도문제가 그렇고, 토문강土門江과 두만강豆滿江(중국에서는 土門과 발음이 비슷한 투먼圖們이라는 말을 일방적으로 정하고 국경을 두만강으로 하였다.) 지역 사이에 있는 간도間島문제가 바로 그것이다. 독도야 우리가 아직은 주권 행사를 하고 있지만, 국제분쟁으로 이어지면 우리가 내줄 수도 있는 약점을 가지고 있고, 간도지역은 중국이 주권을 행사하고 있어 눈앞에 두고 보면서도 우리 땅이라고 할 수 없는 슬픈 역사를 우리는 가지고 있다. 일제가 만주지역의 철도와 광산 등에 대한 이권을 중국 측으로부터 얻어내는 대신 간도지역을 중국에 넘겨준 간도협약이 바로 우리가 주권을 일본에 빼앗긴 후에 우리가 아닌 일본과 중국에 의해서 단행됐다고 하는 것은 가슴을 칠 일이다.

그런 일본이건만 조어대釣魚臺를 빼앗기지 않으려고 필사적인가 하면, 러시아에 빼앗긴 북방 4개 섬을 찾으려고 일본 순시선을 타고 이들 지역을 순회하며 시위하는 일본 수상을 보면 정말 일본인들은 자신만을 아는 족속이지 같이 공생할 수 있는 족속은 아니라고 할 수 있다. 그러나 어쨌거나 우리의 국토는 그야말로 눈 멀겋게 뜨고 빼앗긴 꼴이니 남을 미워하기 전에 우리 스스로의 못남을 꾸짖어야 할 것이다.

국토라고 하는 것은 한 나라의 통치권이 미치는 영역을 말한다. 산스크리트어의 'ksetra'가 바로 국토에 해당하는 말이다. 불교에서의 국토는 같은 민족의 사람들이 모여 사는 일반적인 국토적 개념이 아니라, 그야말로 모든 시련과 번뇌가 없는 평온함의 극치라고 할 수 있는 불국토적 개념이 바로 국토이다. 다시 말해서 보살들만이 사는 청정한 땅이 바로 국토인 것이다.

이들 국토에 대한 정의를 『유마경』에 관한 「무아無我의 소疏」에서 엿볼 수 있다. 여기서는 국토를 4가지로 나누고 있는데, 즉 일반인과 성인이 함께 사는 국토 · 미혹됨을 끊고 번뇌장煩惱障과 소지장所知障의 인因을 닦은 사람이 사는 국토 · 무명혹無明惑을 끊은 사람이 사는 국토 · 법신이 머무는 국토 등 4가지 국토가 그것이다.

그러나 이들 국토가 갖는 개념은 다 마찬가지이다. 즉 "마음이 얼마나 청정한가에 따라 국토도 청정해 진다"고 하는 점이다. 누가 살던 마음이 청정하지 않으면 이미 그곳은 불국토가 아니라는 개념이다. 퇴근을 하고 집안에 들어가도 가족 구성원 모두가 반겨주고 평안한 의지처가 되는 곳 그곳이 바로 국토이고, 누구를 만나도 얼굴 찡그리지 않고 웃으며 인사하고 서로 도와가는 곳 그 사회가 바로 국토이며, 국민들이 서로 감사하고 고통을 나누며 기쁨을 나눌 수 있는 그런 나라가 바로 국토인 것이다. 더불어 전 세계 사람들이 '자리이타행自利利他行'을 실천하게 되면 이 세계는 그야말로 보살들이 사는 국토, 청정한 불국토가 되는 것이다.

이러한 불국토의 개념을 부처님께서 설하신 말씀을 모아 놓은 것이 바로『유마경』'불국품'이다. 현실에 처한 어려움 때문에 하루하루를 살기도 힘든 이 세상에서 불국토를 찾기란 그리 쉽지는 않을 것이다. 그러나 우리는 언젠가는 불국토에서 아무런 걱정 없이 살 수 있는 기회를 만날 수 있을 것이니, 그것은 바로 끝없이 깨달음을 추구하는 구도자적인 마음으로 선을 행하면서 삶을 추구하면 반드시 얻게 되는 것이다. 그것이 현실에서 찾아지건, 사후세계에서 이루어지건 그것은 누가 얼마나 '자리이타행'을 실천했는가에 따라 좌우될 것이라고 확신한다. 그러나 중요한 것은 바로 우리가 살고 있는 현실 그 자체가 불국토라는 점인데, 과연 우리 중에서 이 말의 뜻을 이해하는 자가 얼마나 될지 그것이 가슴 아플 뿐이다.

금일今日, 오늘

"오늘은 즐거우셨습니까?"

"오늘은 어디를 다녀오시는 길입니까?"

일상생활 속에서 다른 사람과 만나거나 남의 집을 방문할 때 무심코 이 말을 쓰고 있는데, '오늘今日'이라는 뜻은 과연 무엇을 의미하는 것일까?

불경에서는 '오늘'이라는 말이 이런 장면에서 등장한다.

부처님께서 인도의 대도시인 라지기르의 북동쪽에 높이 솟아 있는 영취산靈鷲山에 계실 때의 일이다. 그곳에는 1만 2천 명의 출가자들, 그리고 헤아릴 수 없을 만큼 많은 보살들이 부처님의 설법을 듣기 위해서 모여 있었다. 그날 제자 아난阿難은 부처님께서 광채를 내시며 당당하게 계신 것을 보고 다음과 같이 말씀드렸다.

"오늘 세존부처님의 존칭께서는 모든 감각이 맑고, 모습은 청정하며, 밝게 빛나는 얼굴은 참으로 높고 크게 보입니다. 마치 맑은 거울에 깨끗한 모습이 비치는 것 같습니다. 저는 '오늘' 처럼 신기한 모습을 지금까지 뵌 적이 없습니다."

『대무량수경大無量壽經』

아난은 부처님의 많은 제자 중에 상좌로서 항상 부처님의 시중을 들고 있던 인물이다. 그 아난이 오늘 같은 부처님의 모습은 지금까지 본 적이 없다고 말하고 있으니 도대체 어찌된 영문일까?

아난은 "아, 그랬었구나!" 하며 자기 나름대로 부처님의 마음을 헤아리고는 계속해서 자기 마음에 확실해진 생각을 말씀드렸다. 그 취지는, 석존께서 여如(진실의 세계)에서 오신 분이었다는 깨달음이었다. 그때까지도 아난은 매일 석존을 만나고 있었다. 하지만 석존을 탄생시킨 근원을 모르고 있었던 것이다. 이날 비로소 아난은 그 근원과 만났던 것이며, 만남은 석존으로부터 진실의 가르침을 이끌어내는 계기가 되었던 것이다.

그 만남의 때를 '오늘今日'이라고 하는 것이다. 이와 같은 오늘은, 내일이 되면 어제라고 부르는 오늘이 아니다. '오늘'이라는 말에는 진실한 만남을 원하는 소망이 담겨 있는 것이다. 그러니 오늘의 만남을 소중히 알고 그 만남에서 나름대로의 소득을 올리는 것, 그것이 바로 오늘을 살아가는 우리들의 지혜인 것이다.

나락 奈落

순수한 불교용어 중 하나로 지옥地獄을 달리 부르는 말이다. 산스크리트 naraka(나라카)의 발음을 그대로 옮겨 쓴 것으로, 본래는 밑이 없는 구멍을 뜻한다. 이것이 오늘날에는 일반용어로 '도저히 벗어날 수 없는 극한 상황'을 이르는 말로 바뀌었으며, 지옥을 뜻하는 말로는 거의 쓰이지 않는다. 어려운 곤경에 처했을 때 흔히 '나락에 떨어졌다'. 또는 '절망의 나락에 빠졌다'고 표현한다

우리는 살면서 이병철 삼성 회장의 딸, 또는 최진실 같은 톱스타가 자살을 하는 이유를 모르겠다고 머리를 갸우뚱거리며 그 죽음의 배경이 무엇인가를 궁금해 한다. 물론 이들 유명인사 말고도 부지기수의 사람들이 현실을 극복하지 못하고 스스로 목숨을 끊는 일이 오늘도 허다하게 일어나고 있다.

그러나 그들의 죽음 뒤에는 인간으로서 이겨낼 수 없는 절망감이 있음을 어렴풋이나마 알게 된다. 이처럼 절망의 늪으로 빠지는 것을 '나락'이라고 한다. 아마도 누구나 직면했을 법한 이 나락의 함정을 불자들은 부처님 덕에 잘도 견디어 가고 있는 것이다. 그것이 바로 믿음이고 신앙이라는 것이다. 그러나 이러한 진리의 문으로 들어오고 싶어 하는 많은 사람들이 아직도 용기를 못 내고 문 밖에서 서성거리고 있다. 불자라고 한다면 이들을 문 안으로 끌고 들어오는 지혜를 발휘해야 할 것이다. 그것이 바로 보살정신인 것이다.

말세 末世

　수년 전에 끝난 아테네 올림픽 하이라이트인 마라톤에서 해프닝이 발생했다. 브라질 선수가 1위로 달리고 있을 때 어떤 말세론 자가 그의 주행을 방해하였던 일이다. 결과적으로 브라질 선수는 그로 인해 3위로 밀려 났고, 그 말세론 자는 벌금형에 처해지는 그야말로 해프닝 중 해프닝 같은 사건이었다. 이처럼 말세론 자들은 세상의 인간들을 구원하기 위해 어떤 짓이라도 하는 극단론자들인데, 외국의 경우 집단적으로 자살하거나, 우리나라의 경우에도 명동거리에 말세론을 들먹이며 뻘건 십사가를 들고 다니며 고래고래 소리치는 자들을 보면 그야말로 못 말리는 자들이 바로 말세론 자들이라 하겠다.

　그러나 그들이 부르짖는 말세는 지구가 멸망한다는 의미이지, 불교에서의 말세는 그 의미가 다르다. 불교에서는 삼시三時

로 시대를 구분하는데, 부처님 적멸 뒤 시대의 흐름에 따라 그 가르침이 제대로 실행되지 못한다는 역사관에 입각해서 시대를 정법正法 · 상법像法 · 말법末法으로 나누고 있다.

즉 부처님 말씀教과 그 가르침에 의해 의거하여 수행하는 행行, 그 수행의 결과를 증명하는 증證 이 삼자가 모두 갖추어져 있는 시기를 '정법시'라고 하는데, 그 시기는 여러 가지가 있으나 대략 부처님 적멸 후 5백 년간을 '정법시'라고 한다. 그 다음의 '상법시'는 부처님 가르침과 실천만이 가능한 시기를 말하고, 대개 정법시 이후 1000년간을 지칭한다. 마지막 '말법시'는 부처님 가르침만 남게 되고 모든 것은 없어진다고 하는 시기인데, 다시 말해서 수행을 하더라도 의미가 없어지는 시대로, 수행의 본래 목적인 '정각正覺(깨달음)'을 얻는 것이 불가능하다는 시대로, 상법시 이후 10,000년의 시기를 말한다.

이러한 시대적 개념은 주장하는 사람에 따라 그 시기가 다르지만 삼시가 의미하는 그 내용만은 변하지 않고 있다. 즉 말법 사상을 주장하는 사람들이 자국이던 세계 전체를 상대로 하던 도덕과 풍속이 타락하여 악법이 성행하고 정의가 사라지는 그런 모습을 목격하게 되면 이러한 논리를 내세워 그 시대 사람들에게 경종을 울리며 사회를 정화시키면서 새로운 사회로의 지향을 유도하기 위한 차원에서 이러한 논리가 주장되어지곤 했던 것이다.

이들이 주장하는 바는 이처럼 스스로의 수행에 의해서는 깨달음을 얻는 것이 불가능하므로 다른 힘에 의해서 구제를 받아야 한다는 논리이다. 이를 불교용어로 '타력구제打力救濟'라고 하는데, 바로 시대의 대전환을 요구하는 의도에서 나온 말이다.

중국의 경우에는 북제시대부터 말세사상이 성행하였는데, 신행선사信行禪師의 삼계교三階敎, 선도善導의 정토교淨土敎 등은 스스로의 종지가 말세에 적합하다고까지 하며 말법사상을 주장하기도 했다.

일본의 경우는 전교대사傳敎大師 최징最澄이 정법 500년, 상법 1000년 설을 주장하며 천태종을 일본 사회에서 가장 큰 종단으로 만드는 역할을 하였다. 그리고 이러한 말법사상은 가마쿠라鎌倉 시대의 신불교로 연결되어 일본불교의 최전성기를 맞이하게 되는 것이다.

『대교왕경大敎王經』에 보면 말세를 대비한 법문이 있다.

"제자들아, 말세가 되면 부처님의 가르침을 듣기 어렵고 만나기 어려우니라. 이제 너희들을 친히 보고 들으니 일찍이 여러 겁에 걸쳐 배우고 수행한 사람들임을 알겠다. 한 번 들은 다음에는 다시 물러섬이 없도록 하라"

이러한 말법시기가 끝나면 가르침조차 들을 수 없는 법멸法滅의 시대가 오는 것이다.

무진장 無盡藏

　무진장이라는 말을 한자 뜻 그대로 해석하면 "다함이 없는 창고"가 된다. 아무리 써도 재물과 보화가 없어지지 않는 곳을 무진장이라고 쓰고 있다. 불교에서도 이런 말을 이용해서 '무진장'이라는 말을 쓰고 있는데, 그것은 그 자체가 없어지지 않는 무한한 공덕이므로, 불교를 마르지 않는 보물 창고에 비유하여 표현하고 있는 말이다.

　중국에서는 남북조 이래 희사된 시주 물을 저축해 둔 사찰의 창고를 '무진장'이라고 불렀다. 시주는 일상적으로는 사찰의 수리 등에 충당했는데, 기근 때는 빈민 구제를 위하여 저리로 대출되었으므로 서민들의 환영을 받았다(이를 또한 무진재無盡財라고도 했다). 빈민 구제의 역할을 맡았던 무진장은 불교 복지의 원류의 하나로 볼 수 있다. 또한 현대 사회복지의 기본적인

'구조救助'와 비슷하다는 것도 흥미 있는 일이다. 무진장과 사회복지의 '구조'에서 유사점을 거론하자면, '무진장'은 보시를 저축한 뒤에 그것을 필요에 응하여 분배하는데, 사회복지는 분배를 행하는 방법으로서 다방면에 걸친 사회복지 관계법을 발전시켰기 때문에 복잡하고 이해하기 어렵다. 하지만 기본적인 '구조'를 단순화하면 '무진장'과 동일하다.

그러나 양자 사이에는 간과해서는 안 될 차이가 있다. 즉 '무진장'은 무한한 '불법'을 배경으로 진정한 인간 구제를 실현하려는데 비하여, 사회복지는 '법률'을 근거로 인간을 구제하려한다는 차이점이다. '불법'은 보편의 법이지만, 사회복지에 관한 '법률'은 아동복지법이나 노인복지법만을 보아도 알 수 있듯이 아무리 세분화해도 완비되지 않는다. 법률에 미비점이 생기면 그 틈을 메우기 위한 법률이 만들어지고, 겹겹의 법률이 사회복지의 골격으로서 계속 생성된다는 도식이다.

또한 보편의 법은 인간을 따뜻하게 품는데 비하여, 사회복지에 관한 법률은 인간과 인간 사이에 개입할 수는 있어도 그 거리를 좁힐 수는 없는 것이다.

바야흐로 인간이 만든 법률에 의하여 인간의 고립화에 박차를 가하고 있는 것이나 아닌지 모르겠다. 호화로운 사회복지시설 속에서 인간 부재의 제도라고 할 수 있는 서비스가 행해지는 것이라면 필자는 감히 사양하고 싶다. 필자는 영원히 마르지 않고 광대하고 무진장한 불법이 통하는 곳에 몸과 마음을 두고 싶을 뿐이다.

『유마힐경維摩詰經』「보살품」에서는 '무진'이란 생성하지도 않고 소멸되지도 않는 '무위법無爲法'이라고 인식하고 있다. 불성이 광대무궁하며 그 묘한 용처가 끝이 없다는 것을 '무진장'이라 한 것이다. 수나라 혜원은 『대승의장』 권14에서 이렇게 말했다. "덕의 너비는 그 끝을 알 수 없으며 그 이름도 다할 길이 없으니 그 한없는 덕을 일컬어 장藏이라 한다"고 했다. 화엄종도 생성과 사멸의 현상세계유위법이 '무진'하다고 보아 이를 '무진연기'라 했다. 이를테면 중생무진이요, 세간무진이요, 허공계무진 등 설이 그것이다.

불법은 한없이 크고 넓어 수행자들의 발원무진과 보시무진을 요하며 지계무진과 박문무진을 요한다. 『유마힐경』「보살품」에서는 '무진등'이란 말을 비러 보살이 무량중생을 교화하는 것을 비유하였다. 즉 "법문에서 무진등無盡燈이라 명한 사람은 등 하나를 밝혀 백 천 개의 등을 밝히는 사람이다. 눈이 가리운 사람이 모두 눈을 밝게 뜨게 되고 일단 눈을 뜨면 다시는 어둠을 모르게 된다"라고 했는데, 이는 훗날 '무진장'이라는 말로 사물의 무궁무진함을 비유하는 데로 쓰여 졌다. 송나라 소식은 『전적벽부前赤壁賦」에서 이렇게 노래하고 있다.

"강물 위에 맑은 바람이 불고, 산간에 밝은 달이 떠오르니, 귀로 들리는 것은 소리요, 눈으로 보이는 것은 색깔이라, 이것을 향유하는 데는 금지하는 이가 없고, 이를 이용하는 데는 끝이 없도다, 이것이야 말로 조물주의 무진장인 것이다."

또 『유마경』「불도품佛道品」에서는

"보살은 여러 가난하고 궁한 자에게는 무진장을 나타내 그로 인해 권하고 인도해서 그들로 하여금 보리심을 발하게 해 준다"

고 했다.

『80화엄』에 보면 보살이 여러 부처님을 볼 수 있는 열 가지 무진장을 얻는 것에 관해 설하고 있고, 『화엄경』 권21에서는 믿음의 곳간信藏 등 열 가지 무진장을, 『화엄경』 권25에서는 부처님을 친견하는 등의 열 가지 무진장을 얻을 수 있다고 설하고 있다.

『존나경尊那經』에서는

"청정한 공덕을 지닌 사람이 있다고 하자. 이 사람이 부처님 계신 곳이나 성문이 있는 곳에 이르러 예배하며 우러러 보며 훌륭한 가르침을 듣고 큰 환희심을 느끼고 크게 좋은 마음을 지녀 보리심을 일으킨다면 이는 무진장의 공덕이어서 큰 과보가 있으리라"

고 했다.

미증유 未曾有

    지금까지 한 번도 있어 본 적이 없었던 일을 '미증유'라고 한
다. '미증유의 역사적 사건', '미증유의 공격', '미증유의 테
러', '미증유의 재앙', '미증유의 사태', '미증유의 초저금리 시
대', '미증유의 국정 문란', '미증유의 참사', '미증유의 일',
'미증유의 비극', '미증유의 거액', '미증유의 정당 탄압', '미
증유의 세균 테러전'에서와 같이 '미증유'와 어울리는 명사를
살펴보면 대개는 '사건, 테러, 공격, 재앙, 사태, 초저금리, 참
사, 일, 비극, 거액'과 같이 구체성을 띤 명사들이다. 그런데
'미증유의 사랑'이나 '미증유의 말씀'이란 말은 좀처럼 쓰이지
않는 것을 보면 단순히 구체성 외에도 사람들을 깜짝 놀라게 할
만한 '깜짝성'이 포함되어야만 '미증유'를 사용할 수 있는 듯하
다.

아마도 스케일 큰 불교에서 이 말이 유래하였기 때문일 것이다. 『증아함경』 제9. 「수장자경」에 보면 다음과 같은 말이 나온다.

"어느 날 부처님께서 아라비가라阿邏伽邏를 유행하실 적에 화림林에 계셨다. 그 때에 수장자手長者는 장자 5백 명과 함께 부처님께 나아가 머리를 조아려 발에 예배하고 물러나 한쪽에 앉았다. 5백 장자도 또한 부처님 발에 예배하고 물러나 한쪽에 앉았다. 그러자 세존께서 말씀하셨다. '수장자여, 너는 지금 이처럼 많은 대중을 거느리고 있구나. 장자여, 너는 어떤 법으로 이 많은 대중들을 포섭하였는가?' 수장자가 아뢰기를 '세존이시여, 세존께서 4사섭事攝에 대해 말씀하셨는데, 이것으로 대중들을 포섭하였습니다' 라고 대답하였다".

여기서 세존께서 말씀하신 4사섭이란 것은 다음과 같다.

첫째 은혜롭게 베푸는 것[惠施]이요,
둘째 부드럽고 고운 말[愛言]이며,
셋째 이익되게 하는 행동[利]이요,
넷째 행동을 같이 하는 일[等利]입니다.

즉 수장자는 은혜롭게 베풀고, 부드럽고 고운 말로써, 이익되게 하는 행동을 같이 하는 것으로써 무리를 이끌었던 것이다.

그의 말을 들으신 세존께서는 찬탄하시며 말씀하시기를,

"훌륭하고 훌륭하다. 수장자여, 너는 능히 법法답게 대중을 이끌어 들이고, 문門답게 대중을 이끌어 들이며, 인연답게 대중을 이끌어 들였다. 이처럼 수장자에게는 일곱 가지 미증유법未曾有法이 있느니라. 즉 수장자는 욕심이 적고, 믿음이 굳건하고, 양심의 부끄러움을 알고, 남에게 미안함을 알며, 선행을 부지런히 하고, 항상 법을 깊이 생각하고, 마음이 산란하지 않고, 지혜가 밝은 사람이다"

라고 하셨다.

이 일화에서 알 수 있듯이 수장자가 한 일은 이전에는 그 어떤 사람도 그와 같은 일을 하지 못했다는 것이다. 이를 부처님께서는 '미증유'라는 말로써 표현했던 것이다. 과연 다시는 그 누구도 할 수 없었던 일을 할 수 있을까 라는 생각을 해본다면 미증유라는 말이 의미하는 바가 얼마나 힘든 일인가를 느낄 수 있을 것이다. 요즘 말하는 기네스북에 올라가는 일을 한다거나 올림픽에서 금메달을 따는 일도 힘든데 과연 인류역사상 남들

이 하지 못한 일을 할 수 있겠는가를 생각하며 자신이 적어짐을
알고 열심히 부처님께 의지하며 생활하는 자신이 되어야 할 것
이다.

삼계 三界

삼계三界라 함은 세 가지 경계를 뜻하는 말이다.

금강경에 보면 사생四生이라는 말이 나온다. 이는 중생이 태어나는 모양에 따라 분류한 것이나 실질적으로 그러한 분류는 많은 이견을 낳을 수 있기 때문에 보편타당한 진리로서 자리매김하기 어려운 점이 있다고 보여 진다. 다시 말해서 인연에 따라 말을 할 수 있다는 뜻이다.

이러한 까닭에 삼계를 분류하자면

첫때, 육신만을 생각하는 축생의 세계

둘째, 정신과 육신이 동시에 존재하는 세계 곧 인간세계

셋째, 정신 곧 신神의 세계

로 분류할 수가 있다.

이들 세계를 모두 통칭해서 사바세계고 하는데, 곧 이 지구에 존재하는 생물뿐만 아니라 우주 전체에 퍼져 있는 모든 중생과 중생들이 주거하는 곳을 이른다.

이러한 분류에 대해 통상적으로 분류되고 있는 삼계三界로써 욕계欲界, 六天, 색계色界, 十八天, 무색계無色界, 九天가 있다. 불교의 세계관에서 중생이 생사유전生死流轉한다는 3단계의 미망迷妄의 세계를 이름이다.

이들 삼계를 합치면 33천이 나오는데, 절에서 범종을 아침이나 저녁에 33세 번을 치는 이유가 33천에 있는 중생들이 생사의 깊은 잠에서 깨어나 깨달음의 길로 나아가길 바라는 마음에서 상징적으로 33세 번을 치는 것이다.

'욕계'는 맨 아래에 있으며 오관五官의 욕망이 존재하는 세계로서 "지옥 · 아귀餓鬼 · 축생畜生 · 아수라阿修羅 · 인간육욕천人間六欲天"이 이 안에 살고 있다. 여기에서는 보시布施 · 지계持戒 등을 욕계의 선禪이라고 한다.

'색계'는 욕계 위에 있으며, 색계사선色界四禪(初禪 · 二禪 · 三禪 · 四禪)이라는 선(정려靜慮)이 행해지는 세계로, 여기에는 물질적인 것色은 있어도 감관의 욕망을 떠난 청정淸淨의 세계이다.

'무색계'는 물질적인 것도 없어진 순수한 정신만의 세계인데,

무념무상의 정定(삼매三昧)으로서 사무색정四無色定(정무변처정定無邊處定·식무변처정識無邊處定·무소유처정無所有處定·비상비비상처정非想非非想處定)을 닦은 자가 태어나는 곳이다. 무색계는 색계 위에 있다고 할 수 없다. 그것은 방처方處, 즉 공간의 개념을 초월한 것이기 때문이다.

삼계는 세간世間이라고도 하는, 중생이 육도六道에 생사 유전하는 범부계凡夫界를 말하기도 한다. 이에 반해 출세간出世間은 생사윤회生死輪廻를 초월한 성자聖子의 무루계無漏界이다.

초기불교에서는 삼계와 출세간이 구별되었지만, 대승불교에서는 무루계도 삼계 밖에 있는 것이 아니라고 말한다. 따라서 "생사는 곧 열반이고生死卽涅槃, 번뇌는 곧 보리이다煩惱卽菩提"라고 말하는 것이다.

세간 世間

"세간을 떠들썩하게 하다, 세간의 소문" 등 세간이라는 말은 일상생활에서 빈번하게 사용되고 있다.

이처럼 '세간'이라는 말은 이 세상과 주변 사람들의 상황을 나타내는 말로서 현재 널리 사용되고 있는데 원래는 불교용어이다. 살아 있는 모든 것(유정세간有情世間)과, 살아 있는 모든 것을 깃들게 하는 자연 환경(기세간器世間)을 말하는 것이다. 요컨대 방황의 세계인 이 세상에서 벗어나려는 의지를 '출세간出世間의 길'이라고 하며, 이것은 불교의 다른 이름이 되었다. 불교에서 '세간'은 현재 자신이 몸을 담고 있는 장소이며 출발점이라는 뜻이다.

그러나 현대의 세간이라는 말이 의미하는 바로는, 이 말의 용례로 한정하여 생각해 볼 때 "자기가 몸을 담은 곳"이라는 의미는 없는 듯하다.

앞에서 말한 "유정세간 · 기세간"을 '세간'으로 줄여서 사용하는 동안에 '세간'은 '유정세간'만을 지칭하는 말이 되었으며, 더욱 한정되어 인간사회를 의미하는 말이 된 듯하다.

'세간'은 원래 몸을 둔 곳에 붙여진 명칭이며, 자신의 현실을 의미했다. 세상이 각박하다면 자기 자신도 각박한 인간이며, '세간'의 소문이 떠들썩하다면 자신도 발언자라는 인식이 그래서 필요한 것이다.

세계 世界

    세계란 산스크리트어의 'loka-dhātu'를 번역한 말이다. 그 뜻은 해와 달이 비추는 그 범위를 두고 말한다. 불교에서는 수미산을 중심으로 한 4대를 세계世界라 지칭한다, 이 "일소세계 지옥과 천상세계 등의 영역을 망라"한 것이라 할 수 있는 것으로, 즉 모든 우주를 다 포함한 것이다. 이를테면 3천세계와 화장세계를 다 내포하였다고 하겠다.

    '세(loka)'는 "흐른다"는 뜻으로 과거, 현재, 미래의 시간개념이다. 원래 부처의 세계에 대한 속세, 끊임없이 변하는 이 세상을 의미하며, '계(dhātu)'는 방위의 뜻을 내포하는 것으로 시방동서남북 4위, 상하에 대한 공간개념이다. 곧 선정禪定(마음의 안정)의 단계를 의미한다. 『능엄경楞嚴經』에서는 이렇게 설명하고 있다.

‘세世’는 변하여 흐르는 것이고, ‘계界’는 방위이니 "동서남
북 · 동남서북 · 상하가 계이고, 과거 · 현재 · 미래가 세이니라"

　따라서 이 세상뿐만 아니라 삼천대천세계三千大天世界와 부처
의 세계가 실제의 장이 되는 것도 자기의 마음가짐에 의한다는
것을 뜻하는 것이다. 뒷날 중국에서는 ‘세’를 과거 · 현재 · 미
래의 시간을, ‘계’는 동 · 서 · 상 · 하 등의 방위 공간을 의미하
는 것으로 해석하였다.
　고대 인도에서는 우주의 성립구조를 수미산 설에 의해 설명
하였다. 수미산을 중심으로 해서 아홉 개의 산과 여덟 바다가
있으며, 다시 사해四海와 해 · 달을 합한 단위를 일세계一世界라
고 하였다. 일세계를 천 개 합친 것을 소천세계小千世界, 이를 천
개 합친 것을 중천세계中千世界, 이를 천 개 합친 것을 대천세계
大千世界라고 했다. 대천세계는 소 · 중 · 대의 천세계를 포함하
고 있다고 해서 삼천대천세계三千大千世界라고도 한다.
　『대아미타경大阿彌陀經』에는,

　　"서쪽에 이로부터 백만 세계를 지난 곳에 세계가 있으니, 이름
　　을 극락이라 하고, 그 부처님의 이름은 아미타불이시니라"

는 말이 있다. 부처님의 세계가 얼마나 먼지를 알 수 있을 것이다.

  불교의 세계는 또한 유정有情세계와 기器세계로 나뉜다. 유정세계라는 것은 '세상사람들'을 가리키는 것이고, 기세계라는 산하대지를 말하는 것이다. 『화엄경』에 보면 "깨끗하지 못한 세상 사람들世界을 보아도 증오하지 말아야 할 것이다"라고 말하고 있는 것은 세계란 바로 사람들이 사는 세상 그것을 의미하는 말임을 명심해야 할 것이다.

수미산 須彌山

수미산을 범어로는 수메루(Sumeru), 혹은 카일라스(Kailash) 산이라고 한다.

불교의 우주관에서 우주의 중심을 이루는 거대한 산인 이 산은 세계를 떠받치는 풍륜風輪, 수륜水輪, 금륜金輪 중 물이 가득한 금륜에 있으며, 주위를 8개의 산맥이 동심원을 이루며 둘러싸고 있다. 수미산의 동서남북에 대륙이 하나씩 있는데, 그중 남쪽에 있는 대륙이 우리가 사는 인간계 '섬부주瞻部州'이다. 수미산 중턱에는 사대왕천이 살며, 정상에는 제석천帝釋天을 수령으로 하는 33천天이 산다. 해와 달은 이 산을 중심으로 돈다고 한다.

수미산을 사대천왕四大天王·호세사천왕護世四天王이라고도 한다. 욕계육천欲界六天의 최하위를 차지한다. 수미산 정상의 중앙부에 있는 제석천帝釋天을 섬기며, 불법佛法 뿐 아니라, 불법에 귀의하는 사람들을 수호하는 호법신이다. 즉 동쪽의 지국천왕持國天王, 남쪽의 증장천왕增長天王, 서쪽의 광목천왕廣目天王, 북쪽의 다문천왕多聞天王, 毘沙門天王 등 사천왕이 그들이다. 그 부하로는 견수堅手 · 지만持 · 항교恒가 있는데, 이들은 수미산의 아래쪽에 있다. 또한 사천왕은 이들 외에도 수미산을 둘러싸고 있는 지쌍산持雙山 등 일곱 겹의 산맥과 태양 · 달 등도 지배하고 있다.

욕계 6천, 색계 18천, 무색계 4천, 도합 28천이 중생계의 우주 세계이다. 그러나 지국, 증장, 광목, 다문 등 4천과 중앙에 있는 제석천 등 5천을 합하여 우주 33천이라고 한다. 욕계천에도 지거천과 공거천이 있는데, 지거천은 땅기운의 범주 안에 있는 천상계이고, 공거천은 완전히 공중에 거하는 천상계를 말한다.

욕계에는 지옥, 아귀, 축생, 아수라, 인간, 육욕천六欲天, 도리천, 야마천, 도솔천, 화락천, 타화자재천이 있고, 욕계의 중생들은 삼독에 찌들려, 욕심이 꽉 차서 괴로워하며 지낸다. 육도六道로 보면 천天에 속하나 아직까지 욕심을 떠나지 못한 세계이므로 삼계로 나눌 때는 욕계에 넣게 된다. 육욕천을 설명하면 다음과 같다.

첫째, 사왕천四王天에는 사대천왕이 있어 사주를 수호하며, 그 권속들과 살고 있다고 한다. 이곳에도 남녀의 구별은 있어 혼인 하는 일이 있다고 하는데, 몸과 몸을 가까이 하여 기운으로써 음양을 이루며 처음 태어났을 때는 인간의 1, 2세와 같고 키는 반유순이라고 한다. 큰 절에 가면 입구에 천왕문天王門이라는 것을 볼 수 있는데, 이 곳은 사대천왕을 모신 곳으로 불법을 수호 하고 밖에서 오는 삿된 마귀를 방어하는 뜻에서 세워져 있는 것 이다.

둘째, 도리천忉利天은 33천이라고도 한다. 이 도리천을 33천 이라고도 하는 이유는 중앙에 도리천의 왕인 제석천왕이 있는 선견성(희견성이라고도 함)을 중심으로 하여 사방에 각기 8성 씩 32성이 있어 도합 33성이 되기 때문이다. 처음 태어났을 때 는 인간의 2, 3세와 같으며 자연히 화현하여 천天에 앉는다고 한다. 그리고 이곳의 왕인 제석천왕은 사천왕과 32천을 통솔하 면서 불법과 불법에 귀의하는 이들을 보호하고 아수라의 군대 를 정벌한다고 한다. 일찍이 부처님께서 어머니인 마야부인을 위해 석 달 동안 올라가 설법하고 내려오셨다는 이야기가 전해 내려오기도 하는 하늘이다.

육욕천 중에서 사왕천과 도리천 둘은 수미산을 의지해 있기 때문에 지거천地居天이라고 하는데, 사왕천은 중턱에, 도리천은 정상에 있다고 한다.

셋째, 야마천夜摩天은 사왕천과 도리천이 지거천地居天임에 반하여 야마천부터는 공중에 위치하고 있기 때문에 공거천空居天이라고 한다. 야마천에서는 때에 따라 오욕락을 받는다고 하는데, 도리천 보다 수승殊勝한 하늘로서, 남녀가 음양을 이룰 때에는 서로 가까이만 해도 되며, 처음 태어났을 때는 인간의 3, 4세와 같다고 한다.

넷째, 도솔천兜率天은 지족천知足天, 희족천喜足天, 묘족천妙足天이라고 번역하기도 한다. 이곳에서는 자기가 받는 오욕락에 스스로 만족하는 마음을 갖게 되어 안정된 곳이라고 한다. 이곳에선 남녀가 서로 손을 잡는 것으로도 음양을 이룬다고 하는데, 처음 태어났을 때는 인간의 4, 5세와 같다고 한다. 그리고 이곳엔 내원內院과 외원外院이 있는데 외원은 천인들의 욕락처가 되고, 내원은 미륵보살의 정토로서 미륵보살은 이곳에 있으면서 남염부주에 하강하여 성불할 때를 기다리고 있다고 한다. 석가모니 부처님께서도 이 세상에 오시기 전에는 도솔천 내원궁에서 호명보살로서 천인들을 교화하고 계셨다고 한다.

다섯째, 화락천化樂天은 오욕의 경계를 스스로 변화시켜 즐기기 때문에 화락천이라고 한다. 남녀가 바라다보고 있으면 음양을 이룬다고 하며, 처음 태어났을 때는 인간의 5, 6세와 같다고 한다.

여섯째, 타화자재천他化自在天이라는 이 하늘은 남의 즐거운 일들을 자유롭게 자기의 낙으로 삼기 때문에 이렇게 이름이 붙여졌다. 이곳에선 잠시 바라만 보아도 음양을 이룬다고 하며 처음 태어났을 때에는 인간의 6, 7세와 같다고 한다. 욕계는 이 타화자재천에서 끝나게 된다.

그리고 경에 의하면 남녀의 구별이 있는 것도 혼인하는 일이 있는 것도 여기까지라고 한다. 이 이상의 하늘엔 남녀의 구별도 없다고 하니 혼인하는 일도 있을 수 없다는 것이다.

시방세계 十方世界

'시방十方'이란 불교에서 공간에 대한 설법이다. 사면팔방과 상하를 통 털어 시방이라 한다. 『능엄경楞嚴經』권4에 이 개념에 대한 기술이 있다. "세상을 천류遷流라 하고 그 경계를 방위方位라 한다. 지금 알고 있는 것은 동, 서, 남, 북, 동남, 서남, 동북, 서북, 상, 하의 경계이다. 과거, 현재와 미래가 세상이다." 혹은 '시방'으로 세계와 천하를 지칭하기도 한다. 그래서 세간의 일체승려를 '시방승'이라 부르기도 하는 것이다.

당나라 두보杜甫의 『태평사 천안太平寺 泉眼』이라는 시에는

"시방 승려 공불을 올리니 향기와 아름다움 우유보다 못지 않네"

라는 구절이 있고, 팔지두타八指頭陀 '발원게發願偈'의 하나 중에
는

　　"석가존에 절을 올리고 시방불에 귀의하다"

라는 내용도 있다.

　불교에서는 끝없는 강가의 모래같이 무궁무진한 것을 시방세
계라 부른다. 명明나라 양신楊愼의 『불서사륙佛書四六』에 "백척간
두에서 더 올라가 시방세계에 몸을 드러내다"라는 말이 그 말이
다.

안계 眼界

　'안계眼界'는 '안근眼根'을 말하는데, 안근은 6근 중의 하나
다. 이는 지금 우리가 말하는 시각 감각기관에 해당하는 안구와
시신경 등이 내포되어 있다. 6근은 '18계' 중의 한 부류이기 때
문에 '안근'을 '안계'라고도 한다. 자신의 형상을 유지하며 다
른 것과 혼합되지 않는 것을 '계'라고 한다. '안'계는 색과 상대
하여 '안식계시각'를 생성하였다. 『심경心經』은 "안계가 없으면
의식계가 없다, 무명이 없으면 무명이 다 진하는 것도 없다"라
고 설명하고 있다. 『능엄경』에는 "눈을 뜨고 밝음을 보는 것을
밝을 본다고 한다"라는 내용이 있다.

　부처나 보살의 화상을 그릴 때 눈동자를 그려 넣는 것을 눈을
뜬다는 뜻에서 '개안'이라 하고, 또는 빛을 본다는 뜻에서 '개
광'이라고도 한다, 『선림상기전禪林象器箋』「수설문垂說門」은 이

렇게 쓰고 있다. "부처의 신천상神天像을 새로 건조할 때 여러 종사들이 서서 염불을 외우며 금강이 눈을 뜨도록 직접 붓을 놀리는데 이것을 '개안불사'라 하거나 또는 '광명을 연다'고 한다." 눈은 사람들의 내심을 보여줄 뿐만 아니라 역시 지혜의 상징이기도 하다. 불교에 혜안, 법안, 불안 등 설이 많은 것이 그 좋은 예이다.

선종에서는 '개안'을 깨달음의 대칭으로 쓰고 있다. 『오등회원』 권20에 "나는 이미 마음을 다 비웠으나 다만 개안의 힘이 미흡할 뿐이다"라는 구절이 있다. 『중국현재기中國現在記』11회에는 "금산이 가장 유명한 곳이라 하지만 아직 직접 가보지는 못하였다. 마침 오늘 날씨가 쾌청하니 금산에 가서 안계를 터야겠다."라는 기술이 있다. 『신화문적』1991년 제5기에 "곤륜산 입구 한 기름 창고의 장관과 신기한 풍경은 나의 안계를 탁 트게 하였다"라는 구절이 있다. 이처럼 안계는 이제 일생생활에서 그동안 몰랐던 사실에 대해서 어느 순난 알게 되는 것을 "안계가 트였다"라는 말로 대신하게 되었자. 그러니 이제는 부처님의 말씀을 알아듣는 모즌 불자들의 안계가 탁 트이기를 기원해 마지 않는다.

억겁 億劫

억겁億劫이라는 시간의 단위는 과연 어떤 것일까?
중국의 한 신화를 예로 들어 보자.

"삼천년에 한번 천의를 입고 지상으로 내려오는 신이 있었다.
그가 입고 있는 천의는 그 천이 부드럽고 얇아 마치 잠자리 날개
같았는데, 그가 지상으로 향하는 길에 가로 세로가 400리약 160
㎞에 달하는 바위가 있었다. 그 신이 그곳을 지날 때마다 옷이 바
위 위를 한번 스쳐 지나가는 데 그 스침으로 인해 그 바위가 다
닳아 없어지는 시점까지의 시간을 '겁' 이라고 했다."

겁劫이라는 시간이 얼마나 긴 시간인가를 알게 해주는 일화이
다.

겁은 범어의 칼파(Kalpa)를 음역한 것으로, 즉 우주가 생성되어 소멸하기까지의 한 주기를 말하며, 1겁이란 우주가 생성되어 가는 성겁成劫, 생성된 우주가 지속되는 주겁住劫, 지속되던 우주가 소멸되어 가는 괴겁壞劫, 소멸되어 아무 것도 없는 상태가 지속되는 공겁空劫의 과정을 말하며, 약 432만년의 1000배에 해당하는 시간을 이른다고 한다.

겁劫의 반대말로 무척 짧은 순간을 '찰나' 라 한다. 찰나는 범어로 Ksana의 음역으로 대략 75분의 1초를 의미한다. 불경 『대비바사론大毘婆沙論』에 의하면 '두 사람의 남자가 마주 보며 5,000가닥의 명주실의 양쪽 끝을 잡아당기고, 다른 한 사람이 날카로운 칼로 단숨에 그 실을 자를 때, 한 가닥의 명주실이 잘리는 시간이 64찰나' 라고 하였다.

그러나 아무리 길고 긴 억겁이라 할지라도 그것은 무수한 찰나가 모여 이루어진 것이며 그러기에 우리가 살아가는 순간순간은 바로 이 억겁으로 이어진다. 사람의 만남이란 바로 이 억겁의 인연을 가질 때 비로소 이루어진다고 한다.

다시 말해서 겁이라는 말은 "우연偶然과 필연必然", "운명運命과 인연因緣"의 시간의 흐름을 표현한 시각적 개념이라고 할 수 있다.

인간 人間

일상의 대화에서 "저 사람은 인간성이 괜찮아"라'고 할 때의 인간은 인격이나 성질을 가리키는 말이다. 또 "인간은 생각하는 갈대이다"(파스칼)라든가, 『인간-미지의 세계』(프랑스 외과의사 알렉시스·카렐)에서 말하는 '인간'은 사람 그 자체를 가리키는 말이다.

그러나 인간이라는 말도 원래는 불교용어로서, 단순히 인격이나 사람이라는 존재만을 지칭하는 단어는 아니었다. 불교 문헌에는 미망의 세계와 그 속에서 생존하는 것들의 모습을 설명하기를 '지옥·아귀·축생·아수라·사람·하늘'이라고 했다. 이 여섯 개의 세계, 즉 6도六道 중의 하나인 사람이 인간이다. 요약해서 말하자면, 인간이라는 사람이 서로 어울려서 살아가고 있는 이 미망의 세계를 의미하는 말이다. 그래서 '인'에 '간'이라는 글자가 붙어 있는 것이다.

하지만 지금은 이 말의 본래의 의미를 묻지 않고 사용하고 있다.

인간의 50년은 사천왕천의 하룻밤에 불과하다고 한다. 참으로 인간의 생명은 하루살이의 목숨이나 다름없다. 그런 속에서 '인간'을 문제 삼지 않아도 되는지 불교는 묻고 있는 것이다.

종교 宗敎

　종교는 영어의 'religion'을 번역한 말이며, 불교용어와는 관계가 없는 것으로 이해하고 있다. 하지만 원래부터 불교용어에 기초하여 만들어졌다는 사실을 아는 사람은 뜻밖에도 그리 많지 않은 듯하다. '종宗'이나 '교敎'라는 말은 예로부터 중국 불교에서 사용되었다. 불교 경전에 대한 해석의 중심 문제를 명名(경전의 명칭) · 체體(경전의 구성 내용) · 종宗(교설의 진수) · 용用(경정의 효용) · 교敎(교설의 지시)의 5항목으로 요약하고, 그 가운데 종과 교를 합하여 종교라는 말을 만든 것으로 추측된다. 종교의 용어례는 반드시 일정한 것은 아니며, '종의 교', '종 즉 교', '종과 교' 등 다양하다. 나중에 '종의 교'라는 의미로 정해지고, '종'은 '교'에 의하여 지시받아야 할 진수요점, '교'는 '종'을 표시하는 문자와 문구로 해석되었으며, 불교의 요점을 표시하는 언어라는 의미였다. 이 경우에 종교라고 하면 반드시 불교를 가리키는 것이며, 불교의 진수종를 가르치는 법교라는 의미가 종교라는 단어의 내용이었다.

이 종교가 왜 religion이라는 영어의 번역어가 되었던 것일까? religion이라는 말의 어의 해석에 따르면, 기독교에서는 '신과 인간의 재결합'이라는 의미를 갖고 있다. 에덴동산에서 신과의 약속을 깨뜨린 인간은 신을 배반했다는 원죄를 가지고 태어나는데, 이 원죄를 참회함으로써 다시 신과 결합하고 구제받는다는 의미이다. "종교란 인간과 신성스러운 것과의 만남이다" 등으로 설명하는 것도 이 말의 해석에 따른 이해를 표시한 것이다. 그렇다면 신의 존재를 인정하지 않는 "신을 갖지 않은 종교"로서의 불교는 religion이 아닌 것이 된다.

그런데 이 religion에 대해서 기독교 이전에는 "다시 관찰하는 것"으로 해석하였다. 그렇다면 종교란 자신의 인생을 멈춰서서 다시 한 번 되돌아본다는 의미가 되며, 그것은 바로 불교를 말하는 것이 된다. 그러나 최근의 종교 현상을 불교 입장에서 보면 종교는 이미 본래의 의미를 상실한 것이 아닌가 하는 생각을 하게 된다.

지 도 地圖

　지리적 지식은 세계 인류발달사와 더불어 시작됐다. 이는 인류가 생활해 나가는데 있어서 서로 간에 필요한 공간정보의 전달이 명확해야 했기 때문이었다. 그리하여 인간의 생활공간이 확대되면 될수록 이러한 지리적 지식은 더욱 확대 발전 되어갔다. 따라서 문자가 발명되지 않았던 역사 이전시대에도 이를 전달하는 수단으로써의 지도가 그려지기 시작했다고 보여 지는데, 예를 들면 원시 에스키모 인들이 나무껍질에 그린 지도가 그 대표적인 경우이다.

　그러나 세계지도의 제작은 이러한 단순한 생활수단으로서의 지리적 지식 습득을 위해서는 이루어질 수 없었고, 인간의 영혼을 달래는 정신적 세계로의 지향을 통해서 가능하게 되었다. 이는 바로 종교의 탄생과 더불어서 나타날 수밖에 없었는데, 여러

종교 가운데서도 윤회설에 바탕을 둔 불교의 세계관에 의해서
이루어지게 되었다.

즉 세世라고 하는 것은 과거, 현재, 미래의 3世 시대를 의미하
는 것이고, 계界는 동서남북과 상하라고 하는 중생衆生(=民衆)이
사는 공간, 다시 말해 지역을 의미하므로, 따라서 세계라는 말
은 어느 시대 어떤 지역의 인간들이 생활을 영위하면서 인식했
던 시간적 공간적 범위를 말하는 불교용어라는 사실을 알 수 있
다.

이러한 세계라는 인식 위에서 세계사라는 개념도 나타났는
데, 이러한 개념이란 바로 사람들이 인식한 범위 내의 역사적
총체를 말하는 것이다. 부언한다면 현재의 우리가 현실 세계를
인식하는 것과 같이 과거의 인류도 각 시대마다 그 시대적 환경
에서 입장에서 그 때의 세계를 인식했다는 말이다. 이 말은 즉
시간에 따라서 시대에 따라서 그 인식이 달라지고 변한다는 것
을 대변해준다고 할 수 있다. 그렇기 때문에 그 시대 사람들이
어떻게 과거를 인식하고 어떻게 재해석 할 것인가가 그 시대 사
람들의 인식인 것이다. 여기에서 세계사의 다양한 시대구분과
지역구분이 생겨나게 된 것이고 이러한 의식을 형상화 시켜 낸
것이 바로 지도이다. 그렇기 때문에 지도를 보면 당 시대 사람
들의 의식형태와 세계관을 알 수 있는 것이다.

독도가 우리 땅임을 확인하기 위해 지도에 독도가 그려져 있는지, 그리고 독도가 우리나라 땅으로 표식이 되어 있는 지만을 살펴보지 말고, 이처럼 당 시대 인들의 의식과 세계관을 지도 속에서 찾아낸다면 일본인들이 왜 독도를 그렇게까지 우기면서 자기네 땅이라고 주장하게 되는지를 알아내야 하는 것이다. 그것이 지도가 가지고 있는 숙명인 것이다.

지옥 地獄

지옥은 땅 밑에 있는 감옥이라는 뜻이다. 염부주의 땅 밑 오백 유순에 설위산의 바깥 변두리 어두운 곳에 있다고 한다. 『장아함부경』이 이를 비교적 상세하게 설명하고 있다. 곧 중생은 사집 · 오견 · 번뇌 · 선업 · 악업 등으로 인해 죽은 다음 그 과보에 따라 지옥 · 아귀 · 축생 · 아수라 · 인간 · 하늘 등에 떨어진다고 하고 있다. 이를 '육도윤회'라고 부른다.

염라대왕이 다스리는 지옥에는 136종류가 있다. 이들 각 지옥에 떨어지는 유형도 가지 각색이다. 그 한 예를 보면 다음과 같다.

"조그마한 죄를 짓고도 지옥에 떨어지는 중생이 있고, 큰 죄를 짓더라도 지옥에 떨어지지 않는 사람이 있다. 후자는 현세의 잘

못을 깨닫고, 현세에서 죄 갚음을 한 사람이며, 전자는 자신의 죄를 깨닫지 못하고 자신의 몸과 마음을 닦지 아니한 사람이다."

불교는 이런 뜻에서 모든 악을 짓지 말고 온갖 선을 받들어 행할 것을 강조하는 있는 것이다.

'지옥고에 빠진 중생 가운데 한 사람이라도 성불하지 못한다면 나 또한 성불하기를 원치 않는다' 는 서원을 하신 분이 바로 지장보살이다. 지옥의 문 앞에 서서 지옥고에 시달리는 중생들의 고통을 생각하며 하염없는 눈물을 흘리시는 분이다. 저마다 안락함을 찾을 때 지옥과 같은 고통 속에 처한 이웃들과 더불어 사는 삶 그것이야말로 참된 불자의 길이다.

지옥이라는 개념은 불교를 따라 중국에서 들어 온 말이며, 민간에서 널리 쓰여 지면서 오늘에 이르고 있다. 산스크리트어에서 지옥地獄은 두 가지 뜻이 있다. 하나는 니리아(niraya)라는 말로 "기쁨이 없다"는 말이다. 다른 하나는 나라가(naraka)라고 하는데 이 말의 뜻은 "고통의 도구"라는 의미다. 즉 자재자유롭지 못하다는 의미이다. '지옥' 이라는 단어의 '지' 는 "안이나 밑이라는 뜻"이 있으며 '옥' 이라는 말은 "묶여 있다"는 뜻이다. 제6 윤회에서 보면 지옥은 가장 아래에 처한 세상으로 이곳은 가장 무섭고 가장 처참한 곳이다.

이러한 지옥에는 여러 가지 이름이 있는데 아비지옥, 18지옥, 화차지옥, 8대지옥 등이 그것이다. 지금 산서성 보현 백산사에 당나라 때 조각한 '18지옥'이 보존되어 있다. 그 중에는 염라, 귀졸, 칼산, 기름 가마, 쇠 침상, 쇠 맷돌 등이 있다. 그 형상이 아주 생동하며 진실감이 있어 보기만 하여도 닭살이 돋아날 정도로 삼엄하고 공포감을 준다.

이러한 참혹상을 보면서도 나쁜 짓을 하는 인간들이 세상을 덮고 있으니 참으로 대범한 사람들이라 하지 않을 수 있겠는가?

찰나 刹那

　순간순간만을 충족시키면서 살아가는 사람을 가리켜서 '저 사람은 찰나주의적인 사람이다' 라고 말할 때의 '찰라' 는 산스크리트어 kṣaṣa쿠샤나의 음역이며, 극히 짧은 시간의 단위를 나타내는 말이다. 그리고 1찰나는 75분의 1초에 해당한다고 한다. 이처럼 원래는 단순히 짧은 시간을 가리킬 뿐이었지만, '찰나주의' 라는 말을 사용하면서 함축적인 의미를 갖게 된 것은 다분히 '짧은 시간' 에 대한 각별한 느낌 때문일 것이다.

　'인간의 수명은 백년이 한도이다. 더구나 천 명 가운데 고작해야 한두 사람 정도가 백수를 다 할 뿐이고, 영아기, 수면기, 무위도식하면서 지내는 시간, 질병, 슬픔, 공포, 분노 등의 시간을 제외하면, 진정으로 만족하게 지내는 것은 생애에서 3개월 정도 밖에 안 된다' 고 한다.

중국의 양주楊朱는 "사람은 덧없는 인생으로 일관한다. 그러니 살아있는 한은 오로지 쾌락을 즐겨야 한다"고 말했다. 또한 파스칼은 "인간은 죽음·비참함·무지를 치유할 수 없기 때문에, 자기를 행복하게 하기 위해서, 그것들을 억지로 생각하지 않도록 궁리했다. 그리고 죽음의 불안을 정면으로 응시하는 것을 피하기 위하여 예술과 스포츠와 각종 '기분 전환'이라는 '고안'을 하는 것"이라고 인간의 진실된 모습을 적나라하게 보여주었다.

인간의 쓸쓸한 모습을 생각해 보면 참으로 덧없는 것이 인생의 시작과 종말이며, 환영과도 같은 것이 사람의 일생이다. 사람이 1만년을 살았다는 이야기는 지금까지 들어본 적이 없다. 사람의 일생은 한순간에 지나가는 것이다. 내가 먼저 눈을 감을지, 남이 먼저 눈을 감을지, 오늘인지, 내일인지 알 수가 없는 것이 인생이다. 남에게 뒤지거나 남보다 앞서는 일은 나무뿌리의 물방울이 떨어지는 것보다, 잎사귀의 이슬이 흩어지는 것보다 더 흔한 일이라고 한다. 아침에는 홍조를 띤 고운 얼굴의 사람도 저녁에는 백골이 되는 덧없는 몸을 가지고 살건만, 오늘도 서로 더 많이 살려고 아등바등 떠는 소위 "있는 자"들의 모습을 보면서 측은한 마음을 갖게 된다. 그러나 그들은 그러지 못한 자의 질투 일뿐이라고 항변할 것이니, 결국 인간이란 자신만의

오만속에서 살다 가는 가엾은 미물과 같은 것임을 재삼 느끼게
된다.

천당 天堂

 '천당'은 3계6도 윤회 중의 한 곳이다. 욕계 중의 6욕천과 색계 중의 4선18천과 천색계의 4공천이 망라되었다. '6도' 중에서 '천당'은 가장 큰 복이 있는 곳이다. 이를테면 수명이 지극히 길고 키가 지극히 크며 각종 향락을 누릴 수 있는 곳이다. 불가는 천당에 태어나려면 넓게 선을 수련하여야 한다고 인식한다.

 혜림慧琳의 『균선론均善論』에 "천당으로 가기 위하여 선을 행하고 의를 쫓고 도를 지키는 것이나, 지옥이 겁이나 몸을 단속하며 마음을 바로 잡는 것이 다를 것이 무엇인가."라는 내용이 있다. '천당'은 '지옥'과 상대적인 개념이지만 일단 천복을 다 누렸다면 윤회를 면할 수 없으므로 심지어는 '지옥'에 떨어질 수도 있는 것이다. "모르는 사람은 분명 천당에 있으면서도 그것을 모르고 마음에 만족하지 않아 한다."『불유교경佛遺敎經』고

했다.

중국역사를 보면 자기들 나름대로 마치 천당에서 살고 있다는 기술들이 눈에 보인다. 북위시기 양연지楊衒之의 『낙양가람기洛陽伽藍記』「경락사經樂寺」에는 이런 내용이 있다.

"제祭에는 여악女樂을 두었다. 노랫소리가 대들보를 감돌고 춤소매가 휘날리며 관악소리가 요란하게 울리어 미묘하기 짝이 없어 마치 신들린 듯 하며 ⋯ 이곳을 찾는 사람들은 이곳이 천당인가 착각하였다."

중국의 장강 이남은 풍경이 수려하고 물산이 풍부하여 남송시기 이후부터는 더욱 번영하여 민간에서는 "하늘에는 천당이 있고, 땅 위에는 소주와 항주가 있다"라는 속담이 생겨날 정도였다. 원나라 오돈주경奧敦周卿의 『절계령折桂令』「서호경락사西湖經樂寺」에는

"따뜻한 봄날이 오니 꽃 향이 도처에 풍기며 세월이 좋아 태평성세라. 하늘에는 천당이 있고 땅위에는 소주와 항주가 있도다."

중국인들이 뻥이 세기는 하지만 이 시기 강남땅은 좋기는 좋

았던 모양이다. 허긴 지금의 미국보다도 훨씬 강국으로써 경제
와 군사 모든 면에서 세계 제일이었으니까 공감은 간다. 하지만
오늘에 사는 우리만큼이야 혜택을 받으며 살았겠는가를 반문하
지 않을 수 없다. 이렇게 자만하는 우리의 현실세계를 좀 더 좋
게, 그리고 누구나가 공감하는 행복한 천당으로 왜 못 만들고
있는지 정치가들은 물론이고, 우리들 스스로도 자숙해야 할 것
이다.

출세 出世

    고생고생하다 고등고시에 합격하여 졸지에 영감님 소리를 듣는 사람들, 영화 한 편 출현해 갑자기 톱스타가 된 사람들, 월급쟁이가 부장 전무를 거쳐서 사장이 되는 사람들 이러한 사람들처럼 성공하여 사회적인 지위가 오르는 것을 우리는 일반적으로 '출세' 했다고 한다. 이와는 달리 성장함에 따라서 이름이 바뀌는 물고기가 있으니 농어나 방어가 그러한데, 이른바 출세하는 물고기들이다.

    공부든 일이든 만사가 출세를 위한 것, 대다수의 사람들은 출세하기 위하여 오늘도 혈안이 되어 열심히들 분주하게 뛰고 있다. 출세를 하면 부귀와 영화를 누릴 수 있다고 믿기 때문이다.

    그러나 사실 '출세' 라는 말은 범어의 'uppada' 에서 알 수 있듯이 '출생' '출현' 이라는 뜻이다. 부연하면 부처님께서 이 세상에 나시는 것, 중생의 세계에 출현하셔서 중생을 교화하는 것을 말하는 것이다. 즉 "출가하여 불도를 수행하는 것"을 의미함과 동시에, 원래는 "불타가 세상에 모습을 드러내는 것"을 뜻하는 불교용어이다.

『대무량수경大無量壽經』에서는 다음과 같이 설법하고 있다.

여래께서 세상에 나타나신, 즉 출세본회出世本懷하신 까닭은 진정한 가르침을 널리 밝혀서 중생을 건지시고 진실한 이익을 베풀고자 하심이다.

이것은 여래께서 무엇 때문에 이 세상에 오셨는가 하는, 출세의 근본 목적을 석존 스스로 밝히신 말이다. 곧 "여래께서 이 세상에 오신 까닭은 가르침을 명확히 펴시고, 잡초처럼 무리지어 살아가는 중생을 구하고, 진실의 이로움을 주기 위한 것이다"라고 하였다.

'진실의 이로움'이라는 것은, 세상에 횡행하는 욕망이 뜻대로 실현되는 것은 아니며, 어떠한 환경에 놓여져 있어도 자기 자신의 존재의 귀함, 엄숙함을 알고, 이 순간을 즐겁고 활기 있게 살아간다는 의미의 이익을 말한다.

석존께서는 인도 석가족의 황태자로 태어나 현세의 권력과

영화를 약속받았지만, 늙음과 질병과 죽음으로 인하여 인생이 항상 위협받고 있음을 보았다. 그리하여 젊음과 건강과 지위와 재산 속에는 참다운 행복이 없다는 것을 알고, 진정한 행복을 찾아서 성을 나와 수행의 길로 들어섰다.

석존께서 깨달은 진리를 가르치는 것이 불교이다. 또 석존께서는 그 진리를 설법하기 위하여 참된 세계如로부터 이 세상에 출현하신來 것이라고 경전에는 나타나 있다. 그것은 오늘날 사용되고 있는 '출세'와는 전혀 반대의 의미이다. 이 말에서, "자신이 이 세상에 태어난 것은 정말로 무엇 때문인가를 차분히 생각하라"는 외침을 듣는다.

천겁의 긴 세월 속에서도 부처님의 출세를 만나기는 아주 어렵다. 때문에 부처님을 공경하여 깨달음을 얻고자 하는 사람은 부처님의 가르침과 이름을 듣고 응당 그분께 귀명해야 할 것이다.

선종에서는 지덕을 겸비하고 학문수행을 마친 뒤에 크고 작은 절(사원)로 대중들의 추천을 받아 가는 것을 출세라고 한다. 배우던 입장에서 지도하는 경지에 섰음을 의미하는 것으로 부처님께서 세상에 출현하시는 것에 비유해서 부르는 용어이다.

출세의 또 하나의 뜻은 '세속적인 것을 뛰어넘는다'는 것이다. 출세간出世間의 줄임말로 쓰이는 출세는 생사유전이 계속되는 세속에서 추월하는 것으로서 속연을 벗어나 수행에 전념하는 승려가 되는 것을 출세라고 한다. 즉 출가出家라는 의미다.

오늘날의 왜곡된 '출세'의 개념은 마치 부처님께서 중생을 위해 중생 앞에 그 모습을 드러내고 교화하시듯 이웃과 더불어 슬픔을 나누고 기쁨을 더하고 자비를 베푸는 관계로 변화되어야 할 것 같다. 그것이 진정한 '출세'이기 때문이다.

허공 虛空

허공은 빈 하늘 즉 거지중천居之中天의 의미로 범어 'akasa'의 번역어이다. 일체 제법이 존재하는 공간을 일컫는 불교용어인 것이다. 다른 것을 막지 않고 다른 것에 막히지도 않으며 물物·심心의 모든 법을 받아들이는 공간을 허공이라 하는데, 이 허공에는 무애·무분별 등의 뜻이 들어 있다. 즉

"일체의 여러 법은 스스로 공적하여 무대無大·무소無小·무생無生… 불퇴不退하며 또한 허공과 같아 두 법이 있지 않다."

는 말이다. 온갖 물체를 여의고 아무것도 있지 않은 곳空界 그곳을 허공이라고도 한다. 허와 공은 각기 무無와 비슷한 뜻이다. 허虛하여 상대가 없으며 공空하여 장애가 없다는 의미에서 허공

이라고 부르는 것이다.

불교에서는 빛도 없고 모양도 없으면서 일체 만물을 온통 휩싸고 있는 것이 허공과 같다 하여 허공계虛空戒라 한다. 허공으로 집을 삼아 중생의 원하는 바에 따라 갖가지 보배를 베풀어 주는 것이 무량겁을 지나도 다함이 없는 보살을 허공고虛空庫보살이라 한다. 허공이 온갖 곳에 두루 가득하여 다른 것을 빙해하지 않고 다른 것에 장애 되지 않으므로 허공무위虛空無爲라고도 한다.

미혹으로 인한 환상의 하나로 허공화虛空華라는 단어가 있다. 마치 눈병이 난 사람이 허공에 꽃이 어른거리는 것처럼 보이는 것을 가리키며, 사물에는 실체가 없는데도 마치 실체가 있다는 듯이 착각하는 것을 비유하는 단어다. 『능엄경』 권2에 나오는 말이다.

불교어원산책 I

佛敎語源散策

발행일 | 2010년 5월 20일

지은이 | 이덕해
발행인 | 김미영
발행처 | 집옥재
　　　　　서울시 중구 을지로3가 320-12번지 201호
　　　　　Tel. 02-2279-3372, Fax. 02-2279-3340

값 13,000원
ISBN 978-89-964478-1-8